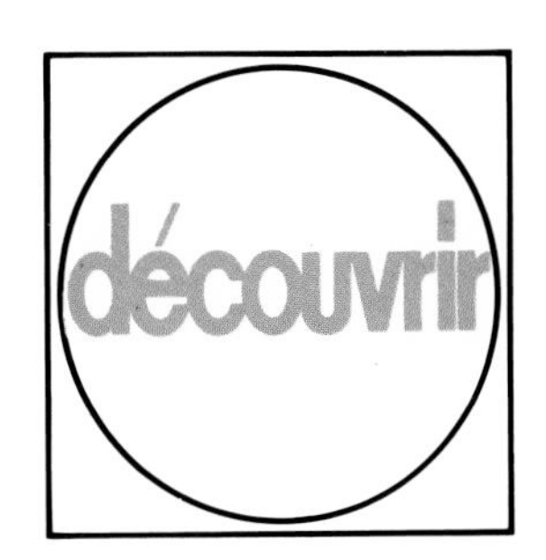
découvrir

Rédaction : Suzanne Agnely et Jean Barraud,
assistés de J. Bonhomme, N. Chassériau
et L. Aubert-Audigier.
Iconographie : A.-M. Moyse, assistée de N. Orlando.
Mise en pages : E. Riffe, d'après une maquette de H. Serres-Cousiné.
Correction : L. Petithory, B. Dauphin, P. Aristide.
Cartes : D. Horvath.

Le présent volume appartient à la dernière édition (revue et corrigée) de cet ouvrage. La date du copyright mentionnée ci-dessous ne concerne que le dépôt à Washington de la *première* édition.

Imprimé en France par Jean Didier, Strasbourg (Printed in France).
Librairie Larousse (Canada) limitée, propriétaire pour le Canada
des droits d'auteur et des marques de commerce Larousse.
Distributeur exclusif pour le Canada : les Éditions françaises Inc.
licencié quant aux droits d'auteur et usager inscrit des marques pour le Canada.

ISBN 2-03-252111-3.

beautés du monde

la Birmanie

la Thaïlande

la péninsule indochinoise

Singapour

la Malaysia

le Cambodge

le Laos

le Viêt-nam

Librairie Larousse

17, rue du Montparnasse, 75006 Paris.

Notre couverture :
Le Wat Prathat Haripounchaï à Lamphun (Thaïlande).
Phot. Guillou-Atlas-Photo.

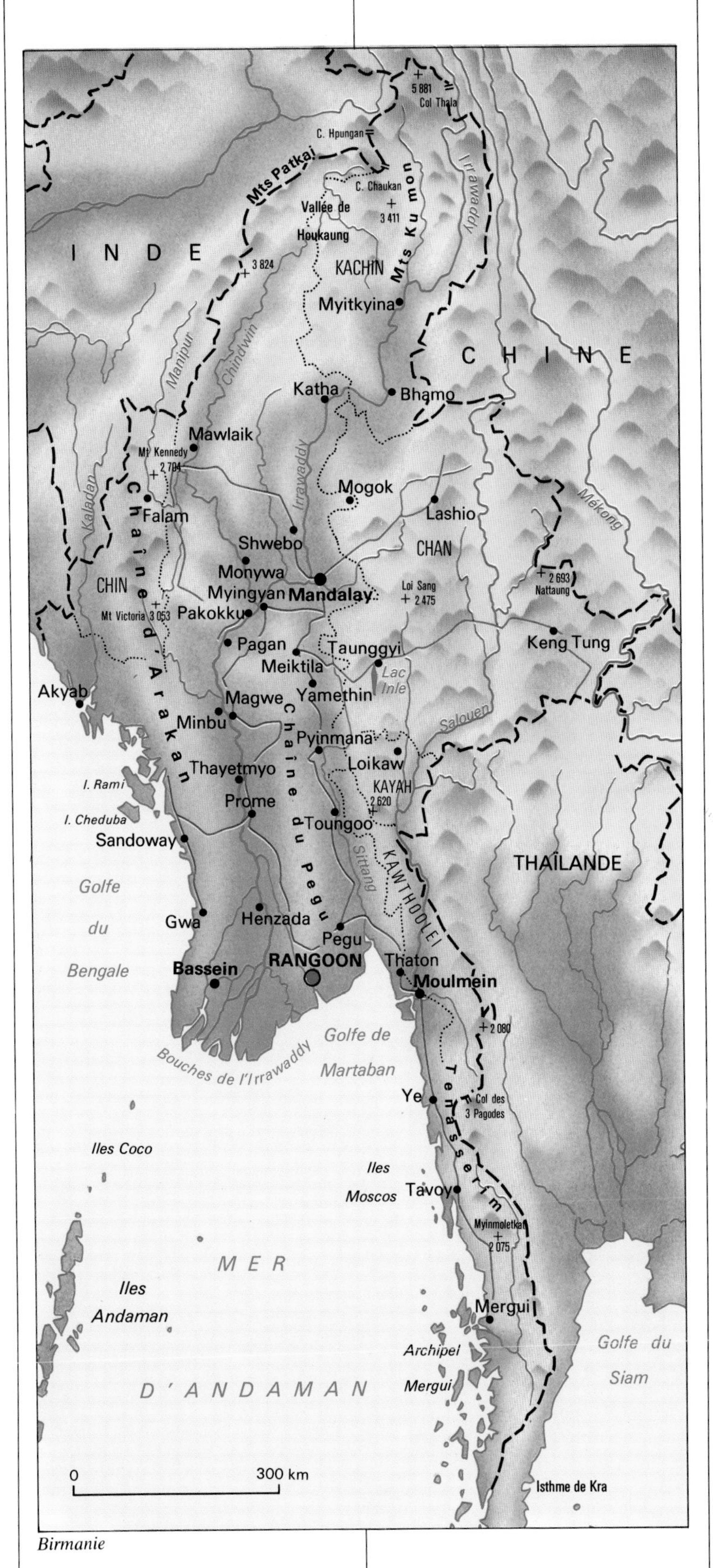

Birmanie

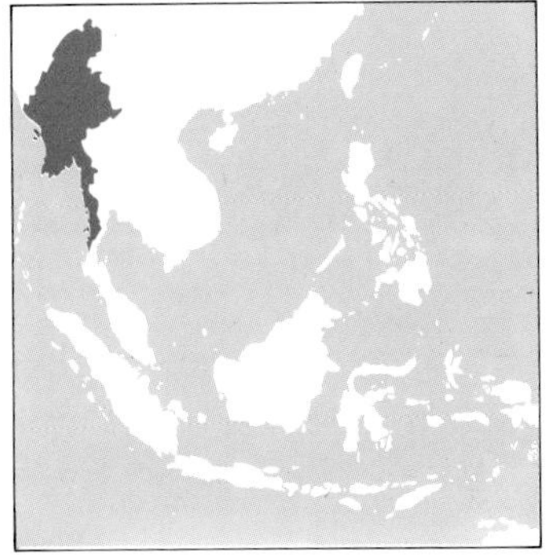

la Birmanie

pages 1 à 20

rédigé par Patrice de Beer

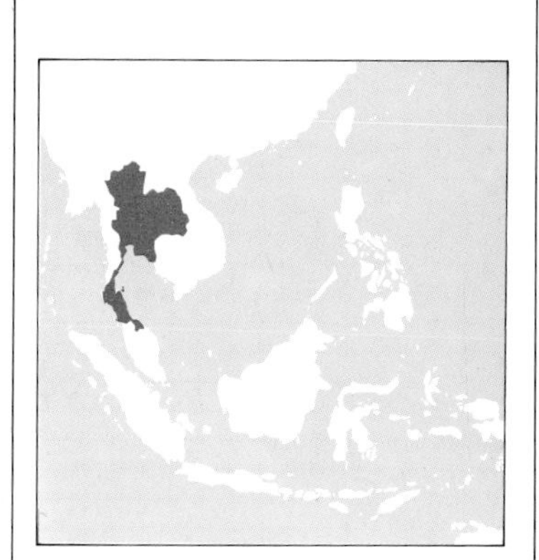

la Thaïlande

pages 1 à 20

rédigé par Patrice de Beer

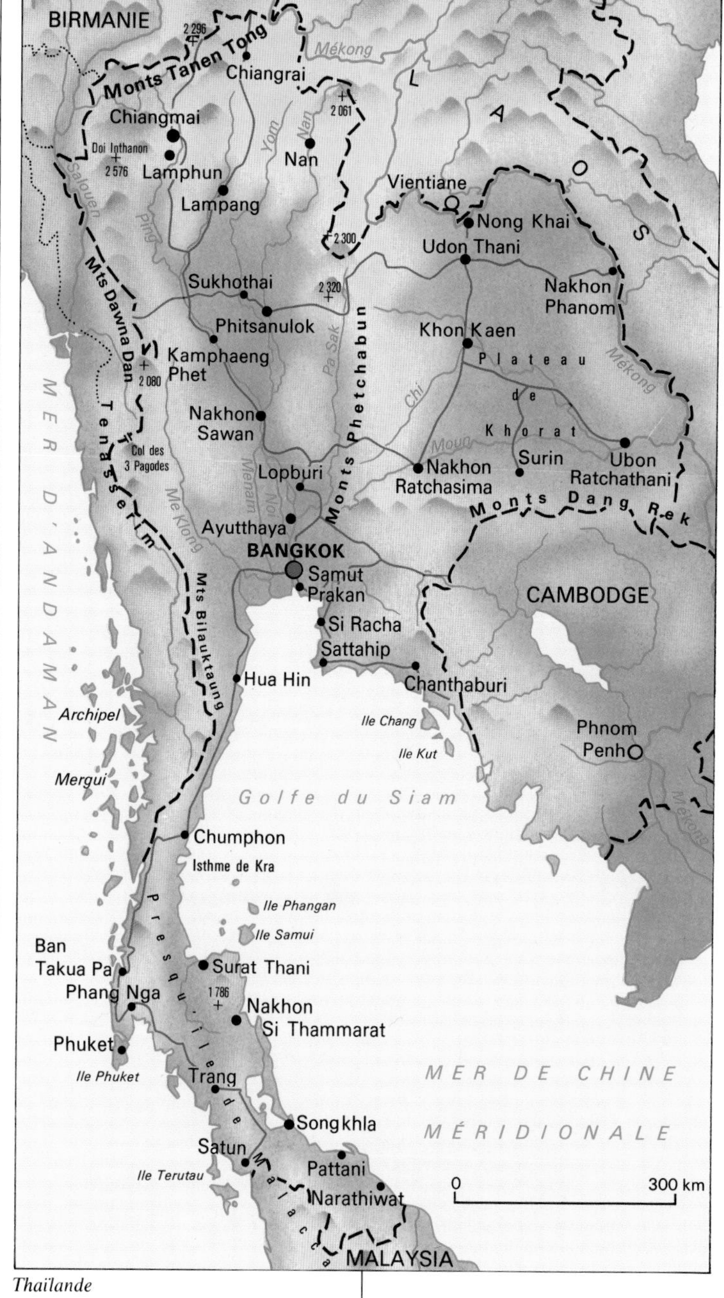

Thaïlande

la Malaysia

pages 1 à 15

rédigé par Patrice de Beer

Singapour

pages 1 à 5

rédigé par Patrice de Beer

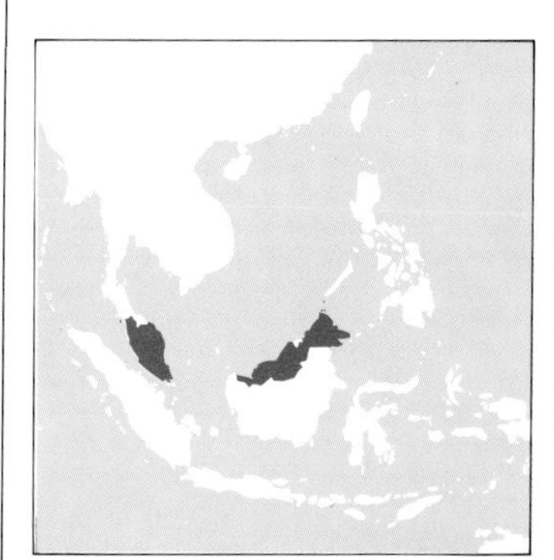

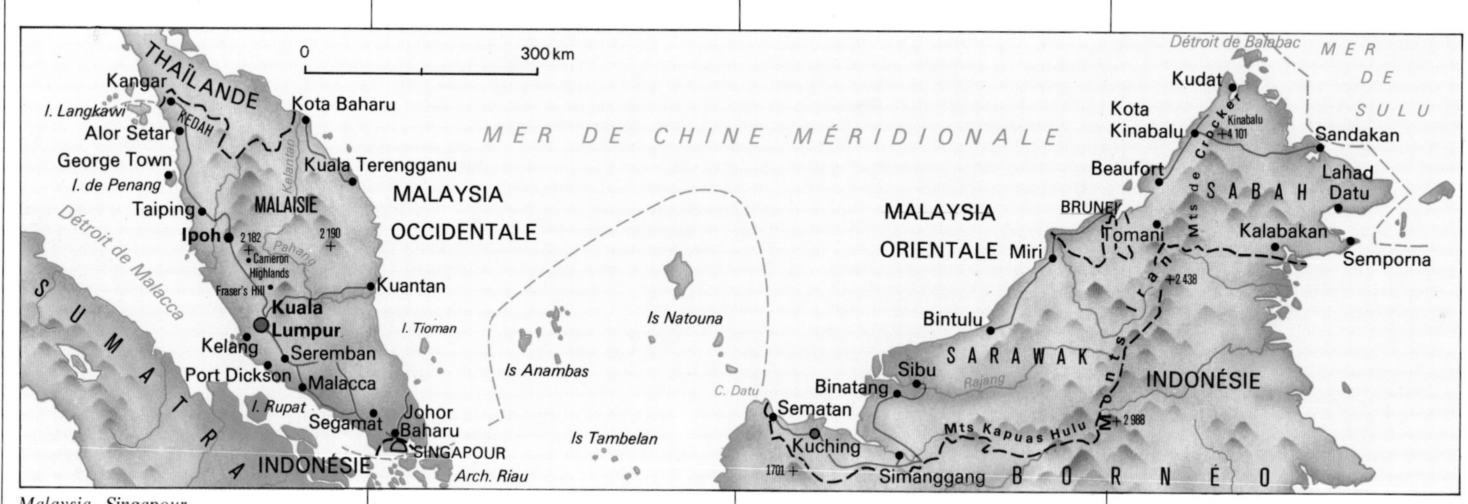

Malaysia, Singapour

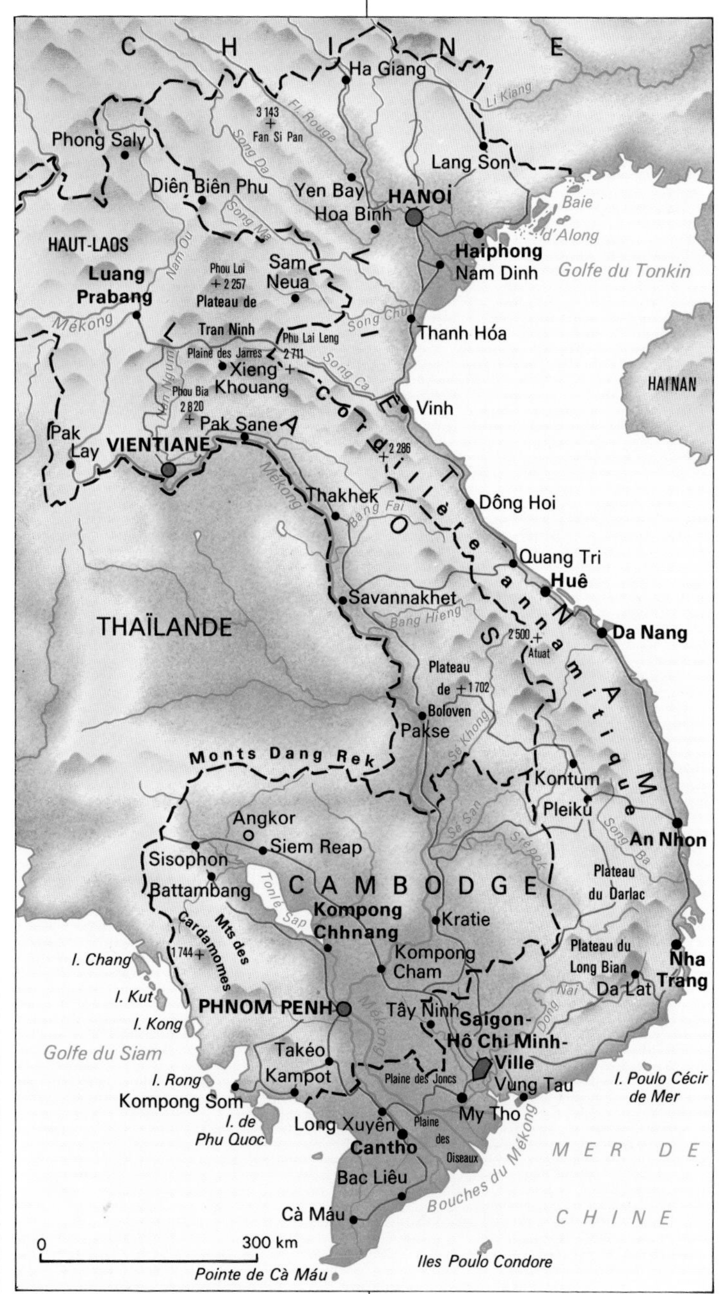

Laos, Cambodge, Viêt-nam

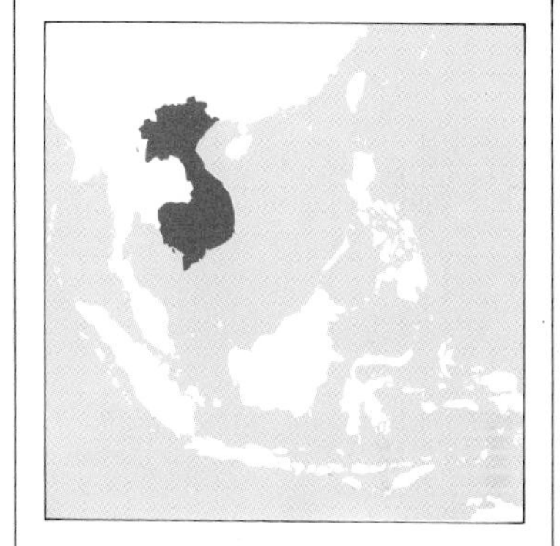

le Laos

pages 1 à 6

rédigé par Patrice de Beer

le Cambodge

pages 1 à 8

rédigé par Patrice de Beer

le Viêt-nam

pages 1 à 6

rédigé par Patrice de Beer

la Birmanie

Il existe peu de pays plus mal connus, plus fermés, plus mystérieux que la Birmanie. Murée sur elle-même par des gouvernants soucieux de préserver la population d'influences étrangères pernicieuses — ou réputées telles —, mais aussi entourée de montagnes hostiles et bordée d'une côte inhospitalière, l'actuelle République socialiste de l'Union birmane ne fait, en réalité, que poursuivre une longue tradition d'isolement.

Pays bouddhiste, charnière entre le monde indien et l'Asie du Sud-Est, habitée en majeure partie par des peuples venus de la Chine au cours de grandes migrations, la Birmanie a longtemps joué, dans les domaines militaire, culturel et surtout religieux, un rôle important, dont son déclin présent ne donne pas l'idée. Dans un pays que le visiteur ne peut qu'effleurer avec un visa de 7 jours non renouvelable et limité à quelques sites touristiques, un pays où le surnaturel joue un rôle fondamental et déconcertant, l'imagination a un grand rôle à jouer : il faut imaginer la grande métropole derrière les façades décrépies de Rangoon ; la civilisation somptueuse des rois de Pagan et d'Ava — le « trône du Lion » — derrière des villages endormis, entourés de temples en ruine.

Imaginer aussi, derrière la foule en *longyi* (longue jupe à carreaux, nouée à la taille, qui sert de vêtement aux hommes) ou en *hteme* (le sarong des femmes, aux dessins variés) qui déambule aujourd'hui le long des rues, les fougueux conquérants qui rasèrent Ayutthaya, la capitale du Siam, il y a à peine plus de deux siècles, et se lancèrent à l'assaut de l'empire britannique des Indes, les architectes et les artistes qui firent de Pagan une des merveilles du monde, les sages qui influèrent sur la propagation et le développement du bouddhisme.

▲
Si tous les chemins d'Europe mènent, dit-on, à Rome, toutes les routes de Birmanie conduisent au stupa *doré d'un temple bouddhique. (Pagode de Kuthodaw, à Mandalay.)*
Phot. Robillard

Imaginer enfin, au-delà des routes de la grande plaine de l'Irrawaddy, les milliers de villages vivant encore repliés sur eux-mêmes, comme aux siècles précédents, peu touchés par un progrès au demeurant fort peu apparent. Au-delà des collines qui bordent la longue dépression centrale, cœur et grenier à riz du pays, imaginer les vastes zones de montagnes et de coteaux boisées, les plateaux en dissidence peuplés d'une mosaïque d'ethnies ; à cheval sur des frontières politiques qu'ils ne reconnaissent — ou ne connaissent — point, ces peuplades sont souvent plus éloignées des Birmans, ou même des tribus voisines, que des Thaïlandais, des Indiens ou des Chinois. Un paradis pour l'ethnologue, un casse-tête pour les politiciens et les diplomates !

Privée des « bienfaits » de la société de consommation, dont elle rêve en secret, mais aussi

épargnée par ses excès, manquant de médicaments et des objets de première nécessité les plus élémentaires, la Birmanie conserve un charme, un mystère, une joie de vivre même, désuets, hors du temps, mais encore tout imprégnés du souvenir d'une civilisation défunte.

Charnière entre deux mondes

La Birmanie couvre 678 000 km², soit plus que la superficie de la France, du Benelux et de la Suisse réunis, et a plus de 2 000 km de long, dit le géographe. Mais combien de microcosmes y coexistent, pour qui la distance se mesure encore à la vitesse dérisoire d'un vieux car surchargé, peinturluré, bringuebalant, ou même au rythme millénaire du char à bœufs ? Combien faut-il d'heures, voire de jours, pour aller vendre quelques légumes au bourg voisin, pourtant si proche vu du hublot d'un avion ?

Les Birmans semblent être venus de Chine. Leur religion, le bouddhisme theravada (Petit Véhicule), a pris naissance en Inde, et leur histoire les a longtemps mis en contact avec l'Asie du Sud-Est. Ces trois facteurs font de la Birmanie une véritable charnière, plus qu'un carrefour, car elle fut protégée par sa géographie tourmentée. Au nord-ouest, elle est bordée par l'ancien empire des Indes, divisé aujourd'hui entre Inde hindouiste et Bangla Desh (ou Bangladesh) musulman ; au nord, derrière des montagnes rattachées au Tibet, veille la Chine ; à l'est, après un coin de Laos délimité par une boucle du Mékong, c'est la frontière thaïlandaise qui s'étend tout le long du pays, cordillère montagneuse qui se prolonge jusqu'à Victoria Point, à l'extrême sud. À l'ouest, c'est la mer, le golfe du Bengale par où vinrent les envahisseurs européens, mais aussi le commerce avec le monde malais.

La vraie Birmanie, la région active où vivent les deux tiers des habitants — l'ethnie birmane — et qui fut le berceau de la civilisation, c'est la plaine et le delta de l'Irrawaddy. Deux greniers à riz autour de Rangoon et de Mandalay, séparés par la région aride de Pagan. Des minerais et du pétrole. Les fleuves prennent leur source dans les montagnes du Nord, dominées par la masse enneigée du Hkakabo Razi (5 881 m). La plaine est bordée au sud-ouest par les collines de l'Arakan, au nord-ouest par une ceinture de montagnes qui l'isole de l'Inde. À l'est, le vaste plateau Chan est coupé par la puissante Salouen, un fleuve qui prend sa source en Chine. La côte, bordée d'îles et de mangrove (impénétrable forêt de palétuviers), ensablée par les alluvions de l'Irrawaddy, a peu de plages (Sandoway) et guère de bons ports.

Rien qui favorise l'intégration de la Birmanie aux mondes voisins. Ni routes ni ports. À l'exception d'un maigre trafic de marchandises — mais non de passagers —, le seul point d'accès actuellement autorisé passe par Rangoon et son aéroport de Mingaladon, situé au cœur d'une zone militaire.

Le cheroot *birman, particulièrement apprécié des femmes, est un gros cigare très doux, contenant un peu de tabac mêlé à d'autres végétaux et roulé dans une feuille de maïs.*
Phot. J. Bottin
▼

Trois empires grandioses et éphémères

Au commencement étaient les Pyus, peuple tibéto-birman qui, semble-t-il, fit entrer la Birmanie dans l'histoire. De leurs capitales — Tagaung, puis Halin, Peikthano pio et Srikshetra —, il ne reste que quelques ruines. C'était

◄
Scène de marché à Maymyo, station d'altitude située à l'est de Mandalay, dans les collines.
Phot. Guillou

aux premiers siècles de notre ère. Au sud, sur la côte et dans le delta de l'Irrawaddy, en contact avec le monde extérieur, s'étendait le puissant royaume des Môns — qui, avec les Khmers et d'autres peuplades montagnardes, forment le rameau môn-khmer —, dont la capitale était Thaton, non loin de l'actuelle Moulmein. Nation de grande culture, bouddhiste, qui a disparu de la carte sous la pression conjointe des Birmans et des Siamois, sur lesquels elle a exercé une influence civilisatrice incontestable. Aujourd'hui, assimilés ou en voie de l'être par des ethnies plus vivaces, les Môns subsistent par petites communautés en Thaïlande et au sud de Rangoon.

L'arrivée des Birmans proprement dits dans la vallée de l'Irrawaddy est plus tardive. C'est vers le IXe siècle qu'ils fondent leur première capitale, l'ancienne Pagan, près de Tagaung. Deux siècles plus tard — en 1044 —, un petit chef de village, Anoratha, monte sur le trône et se lance à la conquête du pays. La légende le présente comme le fils d'un jardinier, devenu roi à la suite d'une aventure peu commune : il aurait succédé à un certain « roi folâtre », qu'il aurait tué sans le reconnaître, alors que, assoiffé, celui-ci volait des concombres dans le jardin de son père !

Converti par Shin Arahan, bonze môn qui avait fui la civilisation décadente de Thaton, et

▲
Venu du « Toit du monde » (Tibet), l'Irrawaddy, le plus grand fleuve de Birmanie, est une importante voie navigable et fertilise le cœur du pays.
Phot. G. Malherbe

Histoire
Quelques repères

IIIe s. : apparition du royaume des Pyus.
IXe s. : migration vers le sud des Birmans actuels, qui établissent leur capitale à Pagan.
1044 : couronnement du roi Anoratha, qui se convertit au bouddhisme et s'empare du royaume môn de Thaton.
1084 : couronnement du roi Kyaunzittha ; apogée de Pagan.
1287 : sac de Pagan par les Mongols ; la Birmanie est divisée en trois royaumes rivaux.
XVIe s. : renouveau de la puissance birmane avec le royaume de Toungoo.
XVIIe s. : dynastie d'Ava.
1752 : Alaungpaya relève le pays de ses ruines, détruit pour de bon la puissance môn, développe Rangoon.
1767 : l'armée birmane s'empare d'Ayutthaya, capitale du Siam.
1826 : les Anglais s'implantent dans les régions côtières de l'Arakan et du Tenasserim.
1852 : les Anglais s'emparent du delta de l'Irrawaddy.
1er janvier 1886 : la Birmanie devient une province de l'empire des Indes ; son roi est exilé.
1942-1945 : occupation japonaise.
4 janvier 1948 : indépendance et création de l'Union birmane, sous la direction du Premier ministre U Nu.
Septembre 1958-avril 1960 : U Nu confie le pouvoir à l'armée pour rétablir l'ordre.
avril 1960 : U Nu reprend le pouvoir.
2 mars 1962 : coup d'État militaire du général Ne Win.
4 janvier 1974 : proclamation de la République socialiste de l'Union birmane, présidée par le général Ne Win.

aussi, sans doute, attiré par les richesses qui lui étaient décrites, Anoratha s'empare de Thaton en 1057. Il fait prisonnier le roi môn et le ramène dans sa capitale, avec sa cour et toute l'élite du royaume. C'est ce qui permettra à Pagan, qui s'est transportée plus au sud, dans son site actuel, d'atteindre l'apogée de sa splendeur : des milliers de temples y seront construits (4 millions, dit la légende).

L'œuvre d'Anoratha est poursuivie par son successeur, Kyaunzittha. Au milieu du XIIIe siècle, épuisé par les divisions, les dépenses et les guerres, l'empire s'écroule devant l'invasion des Mongols de Kubilay khan, qu'accompagne Marco Polo. La Birmanie sombre alors dans l'anarchie. Princes et ethnies se taillent des fiefs avant que n'apparaissent trois royaumes rivaux : celui d'Ava, près de Mandalay, dominé par les Chans, des cousins des Siamois descendus de leurs plateaux ; celui de Toungoo, birman ; et celui de Pegu, môn. Période confuse. C'est à Toungoo que naît une nouvelle dynastie birmane. Au XVIe siècle, Bayinnaung, avec l'aide de mercenaires portugais, réunifie le pays et guerroie au Siam et au Laos. Empire éphémère, qui s'effondre avec le siècle.

On croyait la Birmanie épuisée par son œuvre immense, comme le Cambodge après Angkor, lasse de bâtir et de combattre au point de se fragmenter, voire de se laisser dévorer par de puissants voisins ou de devenir la proie d'aventuriers occidentaux, comme le Portugais Philippe de Brito, quand, dans un ultime et sublime éclair d'énergie, la dernière dynastie fit briller l'empire de ses derniers feux. Au milieu du XVIIIe siècle, un autre chef de village, Alaungpaya, profite d'un sursaut nationaliste birman pour écraser les Môns de Pegu, soutenus par les Anglais et les Français, et réunifier le pays. Les Môns se réfugient en masse au Siam, disparaissant en tant que puissance temporelle. Le port de Dagon est rebaptisé Rangoon, pour célébrer la « fin de la lutte ». Alaungpaya pousse des incursions au Yun-nan chinois et dans le Manipur indien avant de raser la capitale siamoise d'Ayutthaya en 1767. Avec ses successeurs, la décadence reprend, cette fois définitive. Les Britanniques, qui règnent dans l'Inde voisine, vont en profiter.

L'ère coloniale

En 1824, les Anglais, ambitieux, mais aussi inquiets de la persistance d'une puissance militaire aux frontières du Bengale et surtout soucieux d'empêcher une autre nation occidentale — en particulier la France — de s'implanter dans la vallée de l'Irrawaddy, envahissent la basse Birmanie et occupent Rangoon. Le traité de Yandabo leur octroie l'Arakan, l'Assam et le Tenasserim. En 1852, ils annexent la basse Birmanie, coupant l'accès du royaume à la mer. En 1885, la signature d'un traité commercial franco-birman pousse Londres à occuper le reste du pays. Les Anglais entrent dans la capitale, Mandalay. Le roi Thibaw est exilé en Inde, et la Birmanie disparaît pour devenir une province indienne. L'ère coloniale commence.

Pour administrer ce pays rétif, les Britanniques importent des Indiens, manœuvres ou fonctionnaires, et jouent des rivalités ethniques. Mais les Birmans ne cessent de réclamer l'indépendance, représentés surtout par le groupe des Thakins, d'où sortiront les futurs dirigeants. (*Thakin*, qui signifie « maître », était le terme par lequel les Birmans devaient s'adresser aux Anglais, et les jeunes nationalistes l'avaient choisi par dérision.) En 1942, quand les Japonais occupent la Birmanie abandonnée par les Anglais, ils sont assez bien accueillis. Mais, comme partout, leur arrogance et leur brutalité leur aliènent vite les sympathies. Le nationaliste Thakin Aung San fonde la Ligue antifasciste pour la liberté du peuple. Après la fin de la guerre, c'est lui qui négocie l'indépendance avec Londres. Celle-ci est accordée le 4 janvier 1948, mais Aung San a été assassiné entretemps (19 juillet 1947). U Nu lui succède. Il garde le pouvoir jusqu'en 1962, où il est chassé par le coup d'État du général Ne Win, un autre Thakin, dont le nom, apparemment prédestiné, signifie « Soleil éblouissant ».

◄
Très pieux, les Birmans se rendent à la pagode avec des bouquets, qu'ils offrent au Bouddha après s'être prosternés à plusieurs reprises devant son image.
Phot. F. Huguier

Malheureusement, l'indépendance n'est pas une panacée. Elle ne règle pas les problèmes du nouvel État, exploité pendant la période coloniale et ruiné par la guerre. L'économie se dégrade, les partis politiques (surtout les deux partis communistes, Drapeau blanc, prochinois, et Drapeau rouge) et les minorités ethniques (Karens, Chans, Arakanais, Chins, Kachins, Môns) engagent la lutte armée contre le gouvernement central. Elle dure toujours.

Aujourd'hui, la République socialiste de l'Union birmane, enfermée dans son cocon comme la Belle au bois dormant attendant un prince (ou un général, ou un président) charmant, stagne dans l'indifférence. Triste sort pour un pays aussi attachant et dont l'influence s'est fait sentir avec autant de vigueur dans l'Asie du Sud-Est au cours des siècles passés.

Rangoon hors du temps

Assoupie au pied de la colline de Singuttara, au sommet de laquelle trône la majestueuse pagode de Shwedagon, Rangoon ne ressemble guère aux bouillonnantes et bruyantes métropoles asiatiques : ni buildings modernes ni embouteillages, aucune cohue dans les rues dépourvues du décor, désormais traditionnel en Orient, des enseignes lumineuses multicolores. Guère de touristes, encore moins d'hommes d'affaires internationaux passant en coup de vent entre deux avions, pas d'établissements de « massages » ni de lieux de plaisirs.

Le centre-ville a gardé l'aspect datant de la période britannique : style « anglo-indien » évoquant parfois *les Mille et Une Nuits* façon Hollywood ; rues se coupant à angle droit et bordées de trottoirs ; jardins publics ; imposants bâtiments administratifs. Mais tout cela porte de plus en plus l'empreinte du temps. Le stuc et la peinture s'écaillent, les façades se dégradent, les boutiques n'ont plus rien à vendre, et dans les rues badaudent des hommes en *longyi* et des femmes au visage enfariné de poudre blanche. Quelques automobiles bringuebalantes, qui n'en finissent pas de rendre l'âme, complètent le décor. Accroupis sur le sol, des écrivains publics avec leur antique machine à écrire et des marchands de *cheroots*, les énormes cigares birmans, roulés dans une feuille de maïs, qu'affectionnent surtout les femmes. Et, pour allumer ces derniers, des cordes qui se consument lentement, pendues à des panneaux de circulation qui semblent ne servir qu'à cela.

▲
Sanctifiée par la présence de précieuses reliques, la pagode du Shwedagon est le monument le plus important de Rangoon et le cœur spirituel de la Birmanie.
Phot. Guillou

Au-delà s'étendent les quartiers résidentiels, luxueux et noyés dans la verdure comme à Golden Valley, ou plus typiquement birmans comme à Kemmendine, où les habitants ont recréé leur type de vie traditionnel, avec des maisons de bois sur pilotis, groupées en petites communautés qui se rapprochent des structures villageoises. Car la ville n'a pas, pour les Birmans, le même attrait que pour leurs voisins. Dépourvue des charmes d'une cité moderne (distractions, lumières, télévision), nid de chômage et de rationnement, Rangoon ne draine pas des hordes de paysans, comme Bangkok ou Jakarta. La vie s'y poursuit au rythme du calendrier bouddhiste, des fêtes — les *pwes* — et des grands événements de l'existence, sporadiquement agitée de bouillonnements : coup d'État de 1962, émeutes antichinoises de 1967, manifestations estudiantines de 1974...

Pour pallier les sévérités du rationnement, la pénurie et les complications sans fin de la bureaucratie, les Birmans — et en premier lieu les habitants de Rangoon — ont réinventé le « système D », en l'occurrence le marché noir. Le gouvernement, qui n'y peut rien, se contente de taxer les marchandises frauduleuses, qui vont des produits de luxe aux objets de première nécessité, des articles importés en contrebande de l'étranger à ceux plus prosaïquement détournés des usines ou des magasins d'État. Le centre de cette activité est Scott Market, où, en pleine ville, le marché noir devient marché libre. On y trouve de tout : tissus et sandales, soutiens-gorge et vaisselle, et même médicaments. Mais gare aux contrefaçons ! Les journaux, tous officiels, avertissent leurs lecteurs : si vous ne pouvez vous procurer le médicament dont vous avez besoin qu'au marché noir, présentez-le à l'hôpital pour inspection avant de l'ingurgiter !

L'or du Shwedagon

Rangoon ne serait pas Rangoon sans la pagode du Shwedagon, bâtie sur un site où, dit la légende, on vénère Bouddha depuis deux mille cinq cents ans. Deux marchands y auraient alors apporté des Indes huit cheveux du Bouddha, qui furent déposés dans un grand temple. Depuis, les constructions se sont succédé jusqu'au grand *stupa* (bâtiment plein, en forme de bol renversé, surmonté d'une longue pointe, dans lequel sont emmurées des reliques) que l'on peut voir aujourd'hui, entouré de reliquaires plus petits. La pagode actuelle, qui a résisté à plusieurs tremblements de terre, daterait, pour l'essentiel, du milieu du XVe siècle. Puissance tutélaire de la ville, le Shwedagon a vu vivre et mourir les villes de Dagon, puis de Syriam, comptoir ouvert aux Occidentaux et détruit par Alaungpaya il y a deux siècles, de Yagon et enfin de Rangoon.

Le grand *stupa* doré, éblouissant sous le soleil, se dresse au sommet d'une colline cernée de cocotiers. On dit que le Shwedagon, haut de 110 m et entouré de 64 pagodons, est plaqué de 8 688 feuilles d'or, dont la valeur s'élèverait à plusieurs millions de dollars. Dominant l'édifice, le *hti*, ou parasol, est orné de 5 448 diamants et de plus de 2 000 autres pierres précieuses. Cette munificence ne choque personne, car le bouddhisme, religion officielle, règle toute la vie du pays et de ses habitants. Chaque jeune Birman, vers dix ans, ne manque pas de faire

▲ *Rangoon : les plus grands des multiples sanctuaires qui se dressent sur la terrasse du Shwedagon sont recouverts d'une chatoyante mosaïque de verroterie.*
Phot. Adamini-C. E. D. R. I.

◄ *Figé dans un éternel sourire, le visage serein du Bouddha exprime l'anéantissement de toutes les souffrances par la suppression des passions. (Statue en laiton du Shwedagon.)*
Phot. C. Lénars

▲
Rangoon : tous les styles architecturaux de l'Orient concourent à faire du Shwedagon un extraordinaire panorama de l'art religieux dans l'Asie du Sud-Est.
Phot. Koch-Rapho

un stage de plusieurs mois dans une pagode, prélude à sa vie d'adulte.

Concession au modernisme, on peut accéder au Shwedagon par ascenseur ! Mieux vaut cependant emprunter, pieds nus, l'un des quatre escaliers bordés d'échoppes regorgeant d'objets du culte, de bondieuseries, de bâtonnets d'encens, d'offrandes de toutes sortes, de bibelots pour touristes, bric-à-brac d'antiquités et de pacotille où se bouscule une foule curieuse et animée.

Sur la plate-forme qui entoure le *stupa*, les gens déambulent, prient et parlent, s'agenouillent et mangent, se reposent dans de petits salons, assistent à une des nombreuses fêtes qui se succèdent d'un bout de l'année à l'autre. Pas trace de piété compassée ni de méditation, mais une joyeuse exubérance, tandis que volent les pigeons, tintinnabulent les multiples plaquettes de métal agitées par le vent, ou tinte la cloche géante de 25 tonnes, offerte au XVIIIe siècle par le roi Singu Min.

Également fort ancienne, mais de dimensions plus modestes, la pagode octogonale de Sule, au centre de la ville, attire aussi de nombreux fidèles. Les autres monuments de Rangoon sont d'un intérêt moindre : pagode reconstruite de Botataung ; pagode Kaba Aye, bâtie dans les années 50 à l'occasion du Congrès international bouddhiste ; parcs ; lac Inya. Mais il émane de Rangoon une chaleur humaine que seule peut donner une ville faite pour ses habitants, et non pas destinée à des échanges cosmopolites. Dans sa pauvreté et ses privations, Rangoon paraît plus heureuse, plus sereine que toute autre métropole asiatique.

À deux heures de voiture, on peut aussi visiter l'ancienne capitale de Pegu, avec la pagode Shwemadaw et le gigantesque bouddha couché, peinturluré, du Shwe Thalyaung.

◄
Quatre bouddhas de 30 m de haut, assis dos à dos, dominent la pagode du Kyaitkpun, à Pegu, mais le séisme de 1930 a sérieusement endommagé celui qui regarde le couchant.
Phot. Frédéric-Rapho

▲
Berceau de la civilisation môn, qui régna jadis sur une partie de la Thaïlande, Pegu possède, avec la pagode du Shwegugale, un bel exemple d'architecture siamoise.
Phot. C. Lénars

▶
Capitale du IXe au XIIIe s., Pagan fut ravagée par les Mongols ; tous les bâtiments de bois furent détruits, mais les vestiges de centaines de temples attestent encore la grandeur du premier royaume birman.
Phot. Adamini-C. E. D. R. I.

Pagan :
des temples par milliers

Au milieu de l'été de 1975, un violent tremblement de terre a ébranlé le site archéologique de l'ancienne capitale royale de Pagan, détruisant certains temples, en endommageant d'autres. Des travaux de restauration ont immédiatement été entrepris, avec les moyens du bord par les Birmans amoureux de leur patrimoine culturel, mais aussi avec une aide internationale. Le plus beau fleuron de cette reconstruction est le petit Bupaya, *stupa* de briques recouvertes de chaux : s'étant effondré dans l'Irrawaddy, qu'il dominait du haut d'une falaise, il a été rebâti à la même place qu'autrefois, sans doute avec les mêmes méthodes, par des ouvriers qui descendent de ceux qui l'avaient construit il y a des siècles et des siècles. Les Birmans aiment d'ailleurs redorer ou repeindre leurs temples ; pour eux, c'est signe qu'ils continuent de les vénérer. Devant certaines pagodes, parfois minuscules ou en ruine, il y a toujours des offrandes, des fleurs, des bâtonnets d'encens en train de se consumer. Pour les Birmans, Pagan n'est pas un champ de ruines, mais le symbole d'un culte qui se perpétue.

Dans cette steppe aride, couverte d'épineux, où l'eau est un trésor, on dénombre encore les vestiges de 2 200 temples, dont certains à peu près intacts, sur les quelque 5 000 qui y furent édifiés pendant l'âge d'or de Pagan. Celui-ci dura environ deux siècles et demi, de l'arrivée au pouvoir d'Anoratha, au milieu du XIe siècle, jusqu'au sac de la ville par les Mongols en 1287. Les Birmans disent que la région était autrefois couverte de forêts, mais que tous les arbres furent abattus pour faire des charpentes et surtout pour chauffer les fours à briques, matériau de construction de base de tous les temples. Ce serait la raison pour laquelle Pagan se trouve aujourd'hui au cœur d'une zone semi-désertique, qui ne parvient plus à assurer la subsistance d'une maigre population.

Au rythme d'une Land-Rover ou d'une petite carriole dont le cheval trottine le long des pistes poussiéreuses, il faudrait plusieurs jours pour découvrir les mille facettes de l'art birman — architecture, sculpture, décorations, fresques — à travers les principaux temples. Chacun peut avoir ses préférés ; les Birmans, eux, ont un faible pour les plus imposants, voire les plus décadents. Peut-être faut-il d'abord, juché au sommet d'une ruine comme celle du Lokananda, parcourir la plaine des yeux avant de

Statue du temple d'Ananda, un des plus célèbres de Pagan, élevé à la fin du XIe s. sur le modèle des sanctuaires indiens.
Phot. J. Bottin
▼

◄
Pagan : selon la tradition, le temple Dhammyangyi fut édifié par le roi Narathu en expiation du meurtre de son père, et il resta inachevé parce que le souverain fut assassiné à son tour.
Phot. Villota-Image Bank

▲
Pagan : ce monument doré, dont la forme évoque celle d'une cloche posée sur un socle carré en gradins, est une construction pleine ; c'est le stupa *du Shwezigon, qui recèlerait des reliques du Bouddha.*
Phot. Henneghien-Fotogram

fixer son choix. Au soleil couchant, c'est un spectacle admirable.

Le plus célèbre des temples est sans doute le Shwezigon. Construit à la fin du XIe siècle, c'est un *stupa* recouvert d'or, reconnaissable à sa forme de cloche. Il a été le premier restauré après le séisme de 1975. Dédié au Bouddha, il abrite aussi, dans un bâtiment annexe gardé par un soldat en armes — mais pieds nus, car c'est un lieu sacré —, les effigies des 37 *nats*, divinités birmanes officialisées et intégrées au culte bouddhiste par le roi Anoratha. Grands ou petits, célébrés dans tout le pays ou vénérés localement, les *nats* tiennent beaucoup de place dans la vie spirituelle des Birmans. À eux sont dédiés les *pwes*, et les voyants et voyantes dans lesquels ils se réincarnent — ou avec lesquels ils ont conclu un mariage mystique — transmettent leurs prédictions au commun des mortels.

L'apothéose de l'art birman

La personnalité qui, depuis la dernière guerre, a le plus marqué Pagan est sans doute celle de Dick Bone, ancien officier de renseignements de l'armée britannique, qui avait pris la nationalité birmane et mourut en 1977 dans un accident de voiture. Personne ne connaissait mieux que lui le site et ses secrets. « Mister Bone, disaient les guides, c'est un peu la réincarnation d'un roi de Pagan : il connaît tout. » De fait, il avait indiqué aux archéologues locaux ce qu'ils découvriraient derrière un mur du temple d'Ananda. Le tremblement de terre, en faisant crouler ce mur, lui donna raison. Il se promenait inlassablement dans les ruines, avec sa fine moustache et ses vêtements démodés, faisant partager ses connaissances à ceux qui savaient les apprécier. Dieu sait sous quelle forme il s'est réincarné !

Éclatante de blancheur et d'or, la pagode d'Ananda est probablement l'expression la plus parfaite de l'art birman à son apogée, ayant assimilé et adapté les apports étrangers, môns ou indiens. Bâtie il y a quelque huit cent cinquante ans par le roi Kyanzittha, elle dresse son grand quadrilatère de briques recouvertes de stuc, précédé aux quatre points cardinaux d'un portique, ce qui lui donne la forme d'une croix grecque, et surmonté d'un dôme et d'une flèche dorés. La tradition veut que Kyanzittha ait été tellement émerveillé par Ananda qu'il fit mettre l'architecte à mort, afin que celui-ci ne pût reproduire ailleurs son chef-d'œuvre. Légende, sans doute, que l'on retrouve en d'autres lieux et à d'autres époques, mais révélatrice de l'admiration suscitée par une telle perfection.

À l'intérieur d'Ananda, après les halls d'entrée, des couloirs, creusés de niches abritant des statues du Bouddha et ornés de *jataka* en terre cuite représentant des scènes de ses vies antérieures, aboutissent à quatre bouddhas colossaux, hauts de 10 m, dorés et éclairés par des fenêtres. Abri contre la chaleur écrasante de l'extérieur, Ananda, comme les autres temples, distille la fraîcheur et le calme propices à la méditation.

Le petit temple édifié par Manuha, le roi môn emmené en captivité à Pagan par Anoratha, est bien différent du grandiose Ananda. L'espace intérieur est entièrement rempli par un gigantesque bouddha au sourire triste : il ne peut bouger, enserré qu'il est entre les quatre murs, le sol et le plafond. Le roi prisonnier fit élever ce monument pour montrer son affliction. Derrière le temple, un autre bouddha, couché et souriant, libéré par la mort. L'émotion que

▲
Pagan : à l'entrée du Shwezigon veillent de traditionnels lions colossaux, dont la taille imposante doit mettre en fuite les démons les plus malveillants.
Phot. Shelley-Rapho

l'on ressent devant ce contraste fait oublier une architecture sans grande originalité.

Contrairement aux autres sites archéologiques de l'Asie du Sud-Est (Angkor, Borobudur), Pagan recèle de nombreuses fresques, dont beaucoup se sont parfaitement conservées dans l'obscurité de certains temples. Parmi ceux-ci, le Kubyaukgyi (XIIe s.), orné de peintures représentant des *jataka* et des légendes môns, contient en outre une pierre portant une inscription en quatre langues : môn, pali, birman et pyu. Sur les murs, hommes, bêtes, génies et animaux mythiques s'enchevêtrent dans une explosion de couleurs. Citons également les fresques du Lokathteikpan et du Sulamani, et celles du temple le plus récent, contemporain de l'indépendance américaine (1776), l'Ananda Okkyaung, qui décrivent la vie quotidienne birmane.

L'énumération des temples serait fastidieuse, incomplète et partiale. Il faut encore mentionner les anciennes portes de Pagan et le musée, mais aussi le bourg de Nyaung U et le mont Popa, siège des principaux *nats*, où des personnalités politiques de la Birmanie indépendante — dont l'ancien Premier ministre U Nu — ont fait bâtir leur temple. La hauteur boisée, site vénéré, domine la plaine.

Les villages environnants montrent que la vie des paysans n'a guère changé au cours des siècles. On le constate à Myinkaba, célèbre pour ses laques, ou à Minnanthu, toute proche de Pagan, qui n'a ni électricité, ni école, ni puits. Quand le marigot est à sec, on va chercher l'eau au fleuve en char à bœufs. Dans leurs maisons de torchis, entourées d'épineux, les habitants poursuivent leurs tâches ancestrales : maréchal-ferrant, menuisier, femme hachant des chaumes de millet pour le bétail, enfants jouant ou observant, sérieux, le travail de leurs aînés, qu'ils reprendront après eux.

▲
Boisée, couronnée d'un vieux fort et parsemée de pagodes et de monastères, la colline de Mandalay domine d'un côté la ville et de l'autre la campagne.
Phot. Adamini-C. E. D. R. I.

Mandalay, capitale sentimentale

Dernière capitale royale, fondée par le roi Mindon en 1857 et déchue par les Britanniques au profit de Rangoon en 1885, Mandalay n'est plus, officiellement, que la deuxième ville de la Birmanie. Mais, plus que Rangoon, cité administrative et commerçante installée dans ce qui était, il y a encore deux siècles, un territoire môn, elle a, pour les Birmans, un attrait sentimental et culturel. Avec son marché animé, son artisanat toujours vivant — notamment le

◄
Seul survivant des édifices en bois sculpté du palais royal de Mandalay, le monastère de Shwe Nandaw possède une collection de statues en bois doré du XIXe s.
Phot. Guillou

travail du bois — et ses multiples troupes de théâtre, avec ses monastères, avec la proximité d'anciennes capitales royales comme Ava et Sagaing, Mandalay est, en fait, le véritable cœur du pays.

Certes, ses monuments — temples, forteresse royale — ne datent que du siècle dernier, à l'exception de la pagode de Shwe Kyi Myint (période de Pagan). Mais il suffit de flâner dans les rues pour y découvrir une vie plus active que dans le morne centre de Rangoon. Le rôle religieux de Mandalay est par ailleurs attesté par les 729 tablettes de marbre blanc portant la version définitive du credo bouddhiste, établie lors du cinquième Synode international bouddhiste, réuni par le roi Mindon en 1857 (pagode de Kuthodaw). Ce roi se préoccupait davantage de répandre la foi et d'embellir sa capitale que de la menace britannique. Ce fut pourtant l'aviation de Sa Majesté qui, au cours de la Seconde Guerre mondiale, détruisit le dernier palais royal. Bien des Birmans ne l'ont pas oublié. Pourtant, entre-temps, Londres avait restitué le trône doré du Lion, symbole de la royauté (il se trouve à Rangoon ; Mandalay en possède une copie).

À Mandalay, on a des chances de rencontrer à un carrefour une des troupes d'*anyein pwe*, spectacle populaire mêlant théâtre, danses, clowneries et chansons. Plus intellectuel est le *zat pwe*, dont la plus grande vedette, Kenneth Sein, connut une renommée mondiale. Les Birmans aiment les spectacles traditionnels,

▲
Amapura, ancienne capitale de la Birmanie : le sanctuaire de Pahtodawgyi est entouré de petites pagodes dont les murs, constellés de niches, abritent des centaines de bouddhas.
Phot. S. Held

que ne concurrencent guère le cinéma (rare), la télévision (absente) ou les cafés (la bière est trop chère et rationnée).

Ils adorent aussi le *nat pwe*, fête magique et religieuse, et respectent les médiums, qui peuvent être des femmes, des bonzes ou des employés de bureau, parfois des travestis, les *meimeshas*. Ces festivités sont extrêmement coûteuses, et bien des familles s'endettent pendant des années pour payer les cérémonies du percement des oreilles ou du *shinbyu* (entrée temporaire dans la vie monastique), qui marquent l'admission des filles et des garçons dans le monde des adultes. L'alcool coule à flots pendant des nuits, les plats les plus variés se succèdent, les danses sublimes suivent les plaisanteries salaces dans une atmosphère détendue, noyée dans la fumée des *cheroots*.

Les autorités n'apprécient guère ces débordements parfois incontrôlables, qui entraînent des dépenses extravagantes. Mais comment modifier l'âme collective d'un peuple si fortement attaché à la religion bouddhiste et aux traditions ? Témoin les fêtes de Tongbiou, près de Mandalay. Il est interdit de leur faire de la publicité, et pourtant chaque année des dizaines de milliers de Birmans viennent y célébrer deux des principaux *nats*, les frères Mindje et Mingele, leur demander une faveur, les remercier d'avoir exaucé une prière.

◄
Du magnifique palais royal qui faisait l'orgueil de Mandalay, la dernière guerre n'a laissé subsister que les larges douves, les remparts crénelés et les portes fortifiées, surmontées d'élégantes structures de bois ouvragé.
Phot. C. Lénars

▲
Mandalay : autour du stupa *doré de la pagode de Kuthodaw, une forêt de pagodons abrite 729 stèles de marbre, sur lesquelles sont gravés les textes du* Tripitaka, *le canon bouddhique.*
Phot. C. Lénars

Insurrections, opium et contrebande

À l'exception de Taunggyi et du tout proche lac Inle, en pays chan, les États annexes de l'Union sont fermés aux visiteurs étrangers : l'insécurité est trop grande dans ces régions, qui échappent souvent au pouvoir central. Situés aux marches du pays auquel ils ne se sont jamais intégrés, peuplés d'ethnies diverses, différant par leur langue, leurs coutumes ou leur religion, déchirés par des conflits tribaux et politiques, ces États forment un monde à part, inconnu de la plupart des Birmans de la plaine. Il faut dire que les relations entre les Birmans et les autres nationalités n'ont pas toujours été bonnes, et que la colonisation britannique a exacerbé les rancunes. Ainsi les Birmans n'ont pas oublié la période pendant laquelle les Chans étaient montés sur le trône d'Ava.

L'insécurité a favorisé la création de fiefs quasi indépendants, inexpugnables, où des potentats, des aventuriers ou des révolutionnaires préparent en toute quiétude leurs opérations. À l'est, c'est le royaume de l'opium, le trop célèbre « Triangle d'or ». Son premier roi, Lo Hsing-han, emprisonné, a été remplacé par un autre capitaine d'industrie, Khun Sa, qui a mis la main sur le trafic du pavot, le raffinage et le transport de l'héroïne, protégeant les convois avec des milliers d'hommes armés du matériel le plus moderne. Il a dû aussi déjouer la concurrence d'adversaires à l'affût de la moindre défaillance, tels les anciens soldats nationalistes chinois du Kouo-min-tang. Tout cela au nez et à la barbe de l'armée birmane, qui ne peut que compter les coups et doit, en plus, faire face aux insurrections nationalistes financées par le trafic de la drogue et les bénéfices de la contrebande.

Les Karens prélèvent une taxe sur tous les produits importés illégalement de Thaïlande, qui descendent à dos d'homme vers la plaine, mais aussi sur les exportations clandestines : ainsi les plus belles pierres, les plus beaux jades (dont la Birmanie est le premier producteur), les antiquités passent la frontière en fraude, par des chemins connus de tous.

Enfin, il ne faut pas oublier les redoutables maquisards du Drapeau blanc, communistes prochinois qui se sont taillé un royaume au nord-est du pays et contre lesquels la quasi-totalité de l'armée birmane est mobilisée.

C'est dans cette atmosphère de guerre que vivent des dizaines de tribus, tiraillées par des groupes rivaux. Certaines sont fortes de plusieurs millions de personnes, d'autres n'ont que quelques centaines de membres, comme les fameux Palaungs et leurs « femmes-girafes », dont le cou est démesurément allongé par une série de lourds colliers de métal fixés à demeure, l'un après l'autre, depuis l'enfance. Ne pouvant manger normalement, elles gobent leurs aliments. Autrefois, en cas de faute grave, on leur retirait leurs anneaux, et leur cou déformé s'affaissait, provoquant la mort.

Les grandes ethnies ont maintenant leur État. Au sud-est vivent les Karens. Autrefois exclusivement montagnards, ils se sont aussi installés récemment dans le bassin de l'Irrawaddy. Christianisés, parfois très anglicisés — les Britanniques en avaient fait des fonctionnaires et d'excellents officiers —, ils chantent fort bien les hymnes protestants. Leur État est le siège d'une des principales rébellions et le boulevard de la contrebande.

L'État des Chans a été formé, après l'indépendance, par la réunion de 34 principautés qui se disputaient la région. Aujourd'hui, ce sont les armées rebelles qui se battent pour le territoire. Cousins des Siamois voisins, ces guerriers au grand turban blanc n'ont jamais bien accepté la tutelle birmane. Le seul lieu accessible aux visiteurs est le très curieux lac Inle : les bateliers rament avec le pied, tandis que les populations lacustres accomplissent le prodige de faire pousser des cultures sur le tapis végétal qui couvre le lac. L'altitude permet aussi de produire des fruits des régions tempérées, comme les fraises. Le pays chan est traversé par la Salouen, qui découpe dans le plateau de véritables canyons.

Coincé entre Karens et Chans, le petit État des Kayahs rassemble une grande variété de groupes ethniques. Au nord de l'État des Chans s'étend le vaste État des Kachins. Christianisés ou animistes, mais également sensibles à la propagande communiste, protégés par leurs montagnes qu'ils connaissent bien, ses habitants mènent la vie dure à l'armée de Rangoon. Le chemin de fer monte jusqu'à Myitkyina, la capitale. Quant aux Chins, établis le long de la frontière indienne, ils sont apparentés aux Nagas, qui guerroyèrent longtemps, avec plus ou moins de succès, contre les Indiens.

▲
Les Karens, qui peuplent l'un des États annexes de la fédération birmane, étaient autrefois des montagnards, mais certains sont maintenant fixés en plaine.
Phot. Guillou

Le long de la côte vivent les Arakanais et les Môns, qui, étant considérés comme assimilés aux Birmans, occupent non pas des États fédérés, mais des provinces de l'Union birmane. L'Arakan eut longtemps un régime indépendant, avec ses rois, aux confins du monde indien et du Sud-Est asiatique. D'où un art particulier et la présence d'une importante population musulmane. C'est seulement au XVIIIe siècle que le royaume fut définitivement intégré à la Birmanie. L'ancienne capitale de Myohaung, envahie par la jungle, a laissé un intéressant témoignage de l'art arakanais : la pagode de Shitthaung, à la fois lieu de culte et forteresse, couronnée de *stupas* et d'un pagodon de bois à étages. Comme dans les autres sites du pays, l'archéologie n'en est qu'à ses premiers balbutiements et, s'ils ne s'effondrent pas et ne sont pas pillés entre-temps, de nombreux monuments devraient être mis au jour, restaurés et ouverts au public.

Enfin, les Môns, répandus dans toute la Birmanie, sont particulièrement nombreux au sud de Rangoon, le long de la cordillère du Tenasserim, dans une région riche de perles, de poisson, d'étain et de caoutchouc, dont une large part passe en fraude en Thaïlande. La grande ville est Moulmein, qui fut, durant quelques années, le terminus birman du « chemin de fer de la mort », construit pendant la guerre par les Japonais : il coûta la vie à des dizaines de milliers de prisonniers. De l'ancienne capitale môn de Thaton, il ne reste pratiquement rien.

Peu de pays sont parvenus à s'enfermer dans un isolement quasi total, comme l'a fait la Birmanie depuis les années 60. Dans un monde où les moyens de communication ne cessent de se développer, les précautions prises par les gouvernants et les obstacles dressés par la nature sont, à la longue, insuffisants. L'interdépendance économique et politique, et la vague du tourisme, qui n'épargne presque plus aucun endroit sur notre planète, vont-elles enfin obliger la Birmanie à se montrer un peu plus accueillante aux étrangers ?

D'autre part, il serait regrettable qu'un pays qui a réussi à préserver ses traditions et sa culture dans une Asie en plein processus d'occidentalisation perde brutalement son identité en s'ouvrant sans restrictions au monde extérieur. Le charme de la Birmanie ne vient-il pas, en partie, de ce qu'elle a su demeurer hors du temps ? ■ Patrice de BEER

◄
Esclaves d'une étrange coquetterie, les « femmes-girafes » de la petite tribu des Palaungs ont le cou étiré par une série de colliers de cuivre, et le poids des bracelets qui leur enserrent les jambes rend la marche difficile.
Phot. Barbey-Magnum

▲
Les bateliers du lac Inle sont les seuls au monde à ramer avec la jambe, perchés en équilibre sur un pied à l'arrière de leur barque.
Phot. C. Lénars

►
En 1778, le roi Singu Min offrit à la pagode du Shwedagon, à Rangoon, une cloche de 25 tonnes, mais le roi Tharrawaddy fit mieux en 1841 : le bourdon dont il la dota pèse près de 42 tonnes !
Phot. E. Guillou

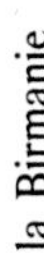

သတိ - ထိုးနိုင်သည် မတွန်းရ

la Thaïlande

La Thaïlande, « pays du sourire » — ou plutôt des sourires qui s'affichent en quadrichromie sur les murs du monde entier pour attirer l'étranger —, semble, à première vue, être un pays ouvert, accueillant, simple, sans surprise. Mais celui qui s'arrête à ce sourire collectif, national, celui qui se contente de s'émerveiller devant sa beauté, qui pense y voir la sympathie, l'amitié d'un peuple chaleureux, qui se croit le premier et le seul sur un chemin tracé pour lui, alors qu'il a déjà été piétiné par des milliers de ses semblables, n'a rien vu, rien compris. Car la Thaïlande et les Thaïlandais se cachent derrière leur sourire comme derrière les murs d'une forteresse. Sympathie ou indifférence, politesse ou mépris, spontanéité ou gagne-pain, il recouvre toutes les attitudes possibles, comme un masque protégeant l'individu contre le reste du monde. Les Siamois demeurent indépendants derrière leur sourire, tout comme le Siam est demeuré indépendant au long de l'histoire, et surtout pendant la période coloniale.

▲
Les cocotiers qui sont la principale richesse de Samui, petite île montagneuse du golfe du Siam, descendent jusqu'au sable des plages.
Phot. Prechez-Pitch

◄
Richement vêtue, couronnée d'or et de pierreries, les doigts prolongés par des griffes pour évoquer un oiseau, cette danseuse thaïlandaise arbore le charmant et mystérieux sourire qui est l'emblème de son pays.
Phot. Steinlein-Pitch

Le pays ne se livre pas facilement aux rares étrangers qui cherchent plus loin que le soleil des plages, la sérénité des temples ou le tintamarre des boîtes de nuit. À la barrière du sourire, cette frontière de l'âme, s'ajoute celle du langage : très peu de Siamois parlent convenablement une langue étrangère (l'anglais), même si quelques mots ou phrases passe-partout peuvent faire illusion ; encore moins d'étrangers parlent le thaï, idiome d'autant plus difficile qu'il possède plusieurs tonalités (mal prononcé, un mot devient incompréhensible ou prend un sens différent).

Et puis Bangkok n'est pas la Thaïlande. Cette métropole gigantesque, qui compte plus de

Histoire
Quelques repères

VIIe s. : royaume môn de Dvaravati.
XIe-début XIIIe s. : domination khmère.
Vers 1250 : premier royaume siamois indépendant à Sukhothai.
Fin du XIIIe s. : règne de Râma Khamhèng ; expansion des Siamois dans la Thaïlande actuelle.
1657-1688 : le roi Naraï établit des relations avec Louis XIV.
1767 : sac d'Ayutthaya par les Birmans.
1767-1782 : période de Thonburi sous le roi Taksin.
1782 : assassinat de Taksin par Râma Ier, fondateur de la dynastie actuelle des Chakri, qui transfère la capitale à Bangkok.
1851-1868 : règne de Mongkut, ou Râma IV.
1868-1910 : règne de Chulalongkorn, ou Râma V ; modernisation du pays et annexion du Nord-Est.
24 juin 1932 : la monarchie cesse d'être absolue pour devenir constitutionnelle.
1934-1944 et 1948-1957 : dictature du maréchal Pibul Songgram.
1941 : alliance avec le Japon.
1957-1963 : dictature du maréchal Sarit Thanarat.
1963-1973 : dictature des maréchaux Thanom et Praphat ; ils sont renversés par un soulèvement d'étudiants.
Octobre 1973-octobre 1976 : retour à la démocratie.
6 octobre 1976 : nouveau coup d'État militaire et massacre des étudiants de l'université de Thammasat.
Octobre 1977 : restauration partielle de la démocratie.

5 millions d'habitants avec ses faubourgs, est la seule grande ville d'un pays encore aux trois quarts rural, où l'urbanisation est un phénomène très récent. Les rizières du Centre, les montagnes du Nord, le plateau dénudé du Nord-Est, le long doigt du Sud, pointé vers la Malaisie et l'Insulinde, recèlent une plus grande partie de l'âme siamoise que la capitale, qui n'a que deux siècles d'existence.

Possédant la plus ancienne des civilisations nouvelles — ou la plus nouvelle des vieilles cultures — de l'Asie du Sud-Est, la Thaïlande forme un monde à part. Toute proche de ses voisins, avec lesquels elle a de nombreux points communs, elle en est en même temps éloignée par un sentiment très vif de supériorité nationale. Habile à absorber les apports culturels extérieurs comme les gadgets de l'Occident, à attirer les étrangers, elle n'en demeure pas moins un des pays les plus impénétrables qui soient. Car, sous le vernis et le clinquant du modernisme, 35 millions de paysans continuent de vivre comme ils l'ont toujours fait autour du *wat* (pagode), cultivant le riz au rythme des fêtes du calendrier lunaire bouddhiste, en avance de plus de cinq cents ans sur le nôtre.

La Thaïlande est donc avant tout un pays de contrastes. Contrastes entre la réalité et l'apparence, entre la sérénité rurale et le vacarme agressif des villes, entre la douceur bouddhique et une violence endémique, entre la beauté des formes classiques et la grisaille d'un modernisme sans âme, entre la richesse ostentatoire de quelques-uns et la pauvreté silencieuse et encore résignée de tous les autres.

La légende du roi juste

L'histoire de la Thaïlande ressemble à une chanson de geste, où la légende prend le pas sur la réalité ; un peu comme si, chez nous, *l'Iliade* d'Homère constituait la base de l'histoire enseignée dans les écoles ! Une sorte de mythologie encore vivante, qui se perpétuerait de génération royale en génération royale jusqu'à nos jours. Le souverain actuel, Bhumibol — Râma IX dans la dynastie des Chakri — est idéalisé, quasi divinisé, tout comme le fondateur du royaume, Râma Khamhèng (Râma le Fort). Et malheur à qui lui manque de respect, même involontairement, par exemple en faisant un geste déplacé dans un cinéma pendant que l'image de la famille royale apparaît sur l'écran au son de l'hymne national : il a commis le crime de lèse-majesté et risque de se retrouver en prison. L'étranger lui-même doit s'abstenir de toute remarque déplacée s'il ne veut pas provoquer la fureur de la foule et connaître la paille humide des cachots de Bangkhen (faubourg nord de Bangkok).

Hier encore, la Thaïlande, le pays des Thaïs (« hommes libres »), s'appelait le Siam (en chinois, « Ouest pacifié »), et ses habitants étaient des Siamois. Mais l'histoire du pays commence bien avant celle des Siamois, arrivés seulement vers le XIIe siècle. Il serait préférable de dire « les histoires », car il existait alors plusieurs États, peuplés de Môns comme le sud de la Birmanie : royaume de Dvaravati dans la vallée du fleuve mère, la *Ménam* Chao Phraya (qui arrose Bangkok et que l'on appelle communément et par erreur Ménam, ce qui veut dire « fleuve »), et royaume de Haripounchaï à Lamphun, près de Chiangmai. Le royaume khmer d'Angkor exerçait sa suzeraineté sur l'Est et le Nord-Est.

Les Thaïs, qui avaient créé le royaume de Nan-tchao au Yunnan, dans le sud de la Chine, furent refoulés par les Mongols, qui étaient montés sur le trône du Céleste Empire. Comme la plupart des peuples de l'Asie du Sud-Est, ils entreprirent une longue migration vers la partie méridionale du continent. Le premier document sur leur présence en Thaïlande date de 1292 : c'est la célèbre stèle de Râma Khamhèng à Sukhothai, première capitale du royaume. Saint Louis des tropiques, ce roi avait fait placer à la porte de son palais une cloche que chacun pouvait faire tinter s'il avait un grief à formuler ; chaque fois, Râma Khamèng écoutait le plaignant et rendait la justice. L'équité régnait, ainsi que la prospérité, et les impôts étaient faibles ; dans le même temps, l'armée arrachait glorieusement l'indépendance à un royaume d'Angkor sur le déclin. Âge d'or, image d'Épinal aux yeux bridés, à laquelle les Thaïlandais ne cessent de se référer, même si elle n'a plus rien à voir avec la réalité actuelle. Qui, aujourd'hui, entendrait le son d'une cloche au milieu du vacarme des automobiles ?

Les royaumes môns se soumettent, le Cambodge commence à se réduire comme une peau de chagrin, les guerres avec la Birmanie n'ont guère de cesse. Sukhothai la brillante se pare des joyaux de la religion bouddhiste. L'ardeur guerrière y fait place à la ferveur religieuse. La cité rivale d'Ayutthaya va en profiter pour établir sa suprématie, qui se poursuivra jusqu'à sa conquête et son pillage par les Birmans, en 1767. La nouvelle capitale est située dans la plaine, au beau milieu des rizières, à quelques dizaines de kilomètres au nord de l'actuelle Bangkok. Il n'en reste que des ruines, et les Birmans ont détruit jusqu'au dernier manuscrit.

La royauté adopte le cérémonial khmer, abandonne sa simplicité. Le roi devient un dieu, et le simple fait de toucher un membre de la famille royale est puni de mort. Une des multiples femmes de Chulalongkorn se noiera en présence de toute la cour, personne n'ayant osé porter la main sur sa royale personne pour la sortir de l'eau !

▲
Le chédi *(monument plein, en forme de cloche, surmonté d'une flèche effilée) du Phu Khao Thong s'élève au sommet d'une succession de terrasses en gradins, à proximité d'Ayutthaya, capitale de la Thaïlande durant quatre siècles.*
Phot. Serraillier-Rapho

L'apogée d'Ayutthaya se situe au XVIIe siècle, avec le roi Naraï. Celui-ci est connu par les ambassades qu'il envoya à Louis XIV et celles que lui dépêcha le Roi-Soleil. Deux personnages pittoresques, plus ou moins aventuriers, illustrent cette période : l'abbé de Choisy, diplomate et ancien travesti, dont les *Mémoires* sont un témoignage inestimable, d'autant plus précieux qu'il n'est pas entaché par les préjugés qui naîtront plus tard contre les royaumes asiatiques en décadence ; le Grec Constantin Phaulkon, qui fut Premier ministre avant de périr assassiné. Comme partout, les missionnaires tentent leur chance, mais ils échouent : comment le catholicisme conquérant et intolérant de la Contre-Réforme pourrait-il séduire les paisibles bouddhistes ?

Après le sac d'Ayutthaya, le roi Taksin chasse les envahisseurs birmans et réunifie le pays avant de se faire tuer (1782). Il avait établi sa capitale à Thonburi, sur le Chao Phraya. Râma Ier, fondateur de la dynastie actuelle, traverse le fleuve pour s'installer à Bangkok, dont le nom signifie « village des oliviers sauvages » et qu'il pare de titres ronflants.

Anna et le roi de Siam

Le Siam est désormais confronté à l'Occident, au monde moderne. Mongkut (Râma IV) — qui resta bonze durant tout son règne, sans doute pour ne pas se faire assassiner par ses rivaux — ouvre les portes de son royaume avant d'y être contraint par la France et la Grande-Bretagne. L'œuvre d'unification et de modernisation est poursuivie par son fils Chulalongkorn (Râma V), vénéré comme l'un des plus grands rois que le Siam ait connus.

C'est l'époque du *Roi et moi,* autobiographie romancée d'Anna Leonowens, préceptrice des enfants du roi, auxquels leur père voulait donner une culture occidentale. Le film qu'on en a tiré fut interdit en Thaïlande, car on estima qu'il manquait de respect à la monarchie. Les descendants d'Anna sont aujourd'hui de riches hommes d'affaires de Bangkok.

Le Siam évite la colonisation par une diplomatie habile, en jouant des rivalités entre Paris et Londres, mais ne peut cependant éviter d'abandonner certains attributs de sa souveraineté : il adopte une administration calquée sur celle des Britanniques et une législation inspirée du Code civil français. Le royaume atteint ses dimensions actuelles, les vice-rois et potentats féodaux se soumettent à la Couronne, le chemin de fer relie à la capitale des régions jusque-là inaccessibles. Un gros morceau du Cambodge et la plus grande partie du territoire peuplé de Laos tombent sous la juridiction de Bangkok. En moins d'un siècle, le pays passera de moins de 4 millions d'habitants — dont 2 millions seulement de Thaïs — à 45 millions.

Père prolifique aux épouses innombrables, Chulalongkorn donne néanmoins la préférence à ses trois demi-sœurs, dont sont issus ses successeurs. Ce genre de descendance n'est pas toujours heureux : Râma VI et Râma VII ne furent pas de grands rois. En 1932, une coalition de fonctionnaires, de jeunes officiers et d'intellectuels libéraux comme Pridi Phanomyong, las de l'autocratisme médiéval d'une

◄
Dans les temples, le Bouddha, au crâne invariablement surmonté d'une flamme, est reproduit à de nombreux exemplaires de toutes tailles; ils trônent sur des autels encombrés d'offrandes et de bâtonnets d'encens qui se consument lentement.
Phot. Guillou-Atlas-Photo

▲
Dans le ballet rituel du khon, *qui tire ses thèmes du* Ramakien *(version thaïlandaise du* Ramayana *indien), les danseurs interprétant des dieux ou des humains ont le visage découvert, tandis que ceux qui personnifient des démons ou des animaux sont masqués.*
Phot. Michaud-Rapho

cour sclérosée, prend le pouvoir. Il n'est pas question de déposer le souverain, mais la monarchie absolue a vécu. Très vite, le contrôle du royaume passe aux mains des militaires, dont le chef est le maréchal Pibul Songgram. Éduqué en France, c'est aussi un grand admirateur du fascime, et il se range aux côtés du Japon pendant la Seconde Guerre mondiale.

Pridi, devenu régent en l'absence du roi qui fait ses études en Suisse, organise la résistance clandestine des Thaïs libres. La fin de la guerre le retrouve à la tête du pays. Râma VIII revient d'Europe, mais meurt très rapidement (en 1946) d'une balle de revolver. Suicide ou meurtre? Tout sera fait pour qu'on ne le sache pas. La place est libre pour Bhumipol, qui monte sur le trône sous le nom de Râma IX. La monarchie devient le symbole de l'unité nationale contre le péril communiste, qui menace alentour. Il faut dire que, entre-temps, les militaires, toujours avec le maréchal Pibul, ont repris les commandes. Musicien, peintre, radioamateur, technicien agricole, visitant inlassablement toutes les provinces pour distribuer subsides et conseils, le roi est partout, et sa photographie est accrochée sur tous les murs.

L'anticommunisme militant n'est pas un brevet de longévité suffisant pour Pibul : la corruption, les trafics en tout genre (armes, opium) et l'impatience d'une nouvelle génération d'officiers ambitieux ont raison de lui. En 1957, il est remplacé par le maréchal Sarit Thanarat ; ses adjoints, les maréchaux Thanom et Praphat, lui succèdent en 1963. Le Siam, devenu Thaïlande, s'est placé résolument dans l'orbite américaine. Il envoie des troupes en Corée, puis au Viêtnam, accueille les « B-52 » qui bombardent chaque jour l'Indochine. Ce qui lui vaut, à partir de 1965, de connaître à son tour une insurrection communiste.

La répression contre l'opposition s'intensifie jusqu'à la révolution de 1973. Celle-ci ouvre la voie à trois années de démocratie formelle et chaotique. La droite est toujours au pouvoir, mais elle est modérée, légaliste. Cela ne suffit pas aux extrémistes civils et militaires. Soutenus par le palais, ceux-ci, après avoir réprimé dans le sang une manifestation d'étudiants de l'université de Thammasat, à Bangkok, réinstaurent, en 1976, un gouvernement militaire.

Le Nord et sa jolie petite fleur

Le symbole de la Thaïlande du Nord, ce ne sont pas les jolies filles au teint clair de Chiangmai, ni les temples de Lamphun ; c'est une fleur délicate, rouge ou blanche, aux pétales écartés autour d'un long pistil. Au début de l'année, elle couvre les flancs des collines de champs bicolores, qui tranchent sur le vert de la savane. Mais les tribus des montagnes ne sont pas composées d'horticulteurs. De la fleur, elles connaissent surtout la capsule, qu'elles incisent prestement avec un couteau trilame ; un liquide brunâtre sourd des lèvres de la blessure. C'est l'opium, et la fleur s'appelle « pavot ». Raffiné, l'opium donne la morphine et l'héroïne, qui essaiment aux quatre coins du monde, multipliant, en cours de route, leur prix de vente par cent.

Le fameux « Triangle d'or », qui couvre une partie de la Thaïlande, du Laos et de la Birmanie, commence à une heure à peine de voiture de Chiangmai, la capitale du Nord, si appréciée pour son calme et son climat. Méos et Yaos, Lissous et Lahus aux costumes pittoresques, mais aussi anciens mercenaires du Kouo-mintang chinois reconvertis dans la drogue, Chans de Birmanie, tout ce petit monde vit de la culture du pavot à opium sur les hauteurs.

Des montagnes, le flot de poudre blanche ou brune descend par d'innombrables filières vers Bangkok. Des guerres opposent parfois les trafiquants à leurs concurrents, ou à la police. Car les « rois de l'opium » disposent de véritables armées, équipées de matériel moderne. Des États dans l'État...

Elles paraissent pourtant si calmes, si pittoresques, ces tribus qui forment une véritable

▲ *Horticulteurs un peu particuliers, les Méos font pousser des pavots ; ils en tirent l'opium, dont la vente aux trafiquants du « Triangle d'or » assure — assez chichement — leur subsistance.*
Phot. Ostrowski-Image Bank

▲ *Les Akhas, dont les femmes portent une courte jupette et une coiffure brodée de perles et d'ornements d'argent, sont l'une des plus primitives des diverses tribus qui peuplent les montagnes du Nord.*
Phot. Dumas-Fotogram

▲▲ *Autre tribu montagnarde vouée à la culture du pavot, les Lissous aux jolies blouses bayadères sont d'origine tibéto-birmane.*
Phot. Guillou-Atlas-Photo

▲
Les Karens, qui se livrent à la culture sur brûlis — ce qui les oblige à se déplacer fréquemment —, construisent de sommaires paillotes sur pilotis, où toute la famille s'entasse dans une pièce unique.
Phot. Steinlein-Pitch

mosaïque ! Méos vêtus de noir ; Yaos lisant encore le chinois, dont les femmes portent d'énormes turbans et font de merveilleuses broderies ; Lissous multicolores ; Karens protestants, grands amateurs d'hymnes ; mais aussi Akhas, Lawas, Khas, Thaungthus ; et Phi Tong Luang, dont il ne restait qu'une cinquantaine d'individus en 1973. Farouchement indépendants, ils supportent mal la tutelle que le centralisme de Bangkok veut leur imposer et renâclent devant la « thaïsation » qui les menace. Un paradis pour les ethnologues.

Dans la plaine, on trouve les Thaïs du Nord, les plus purs, dont la peau est plus claire que celle de leurs compatriotes de la Plaine centrale. Jusqu'à la fin du XIXe siècle, ils vivaient dans une quasi-indépendance au sein de principautés vassales. « Nos ancêtres étaient libres, nous avions notre roi, qui n'était pas celui de Bangkok », disait avec nostalgie un habitant de la province de Nan. Isolée du reste du pays par de petites montagnes, celle-ci est plus proche du Laos voisin que de la capitale. Le chemin de fer du roi Chulalongkorn, puis les routes américaines ont contribué à désenclaver ces régions et à donner une ossature au pays.

À la lisière de la montagne et de la plaine vit une population de bûcherons qui exploitent le teck, ce bois fauve qui fait la richesse de la région. À Ban Hai, au nord de Chiangmai, une sorte de ville fantôme s'étire le long d'une piste en latérite : des deux côtés de la route, des centaines de cabanes en planches de teck attendent on ne sait quels habitants. Comme la loi interdit de vendre du bois, mais non des maisons, les bûcherons se font bâtisseurs ; ils cèdent aux acheteurs un mur, un plancher, des piliers, puis les remplacent par du bois qu'ils vont couper la nuit. Un travail de Pénélope sans cesse recommencé.

La plaine de Chiangmai a conservé beaucoup de villages d'artisans, comme il en existait jadis partout dans le royaume. Certes, le tourisme y est pour quelque chose, mais les Thaïlandais eux-mêmes aiment se replonger de temps à autre dans un passé qui n'est, finalement, pas si lointain. Villages de fabriquants d'ombrelles multicolores en papier, de vestes et de couvertures ouatinées pour l'hiver, de laques, de cotonnades. (La laque thaïlandaise, noir et or, se différencie aisément de celle de la Birmanie, plus colorée.)

Parfois, on traverse un marché aux bestiaux, une foire villageoise où les paysans vont faire leurs emplettes, objets traditionnels ou pacotille moderne, les hommes avec leur veste de coton bleu qui ressemble à du *jean*, les femmes en *sarong*. Le costume occidental est encore en minorité. La terre à riz est riche, irriguée par l'eau qui descend de montagnes comme le Doï Suthep, dont le sommet est partagé entre une résidence royale et un temple renommé du

▲
Vivant en clans et recherchant la solitude, les Akhas construisent leurs villages en haute montagne, dans un site isolé mais bien dégagé. (Village akha dans les monts Tanen Tong, non loin de la frontière birmane.)
Phot. Dumas-Fotogram

◄
Ayant pour la plupart une ascendance chinoise, les membres des tribus montagnardes ont généralement, comme cette jeune femme akha, un type mongol plus accentué que les Thaïs de la plaine.
Phot. Brun-Explorer

Bouddha. Des attelages de buffles retournent la boue grasse ou se vautrent paresseusement dans l'eau brunâtre. Le calme n'est troublé que par les inévitables pétarades des motocyclettes de fabrication japonaise.

On ne saurait quitter le nord du royaume sans admirer les nombreux temples bouddhistes qui émaillent la contrée, de la petite pagode de village en bois — malheureusement de plus en plus souvent remplacée par du béton, symbole du progrès — au *wat* à toit pentu et au *chédi* — ou *stupa* — d'origine indienne, dont les spires de pierre ou de brique, recouvertes de stuc, se dressent majestueusement au-dessus de la plaine. On trouve des sculptures sur pierre dans les monuments les plus anciens, des frises de bois au fronton des *wats*.

Nan, capitale de la province du même nom, est un gros village tranquille, bien que les maquis communistes encerclent la région. Le Wat Phoumin, à la curieuse architecture cruciforme, est entouré d'un mur et ombragé par les palmiers ; à l'intérieur, des bonzes anonymes ont peint de très belles fresques. La métropole de Chiangmai, dont le centre a conservé une enceinte de remparts et ses douves, regorge de temples grands ou petits, isolés au milieu des arbres ou cachés par des rangées de boutiques nouvelles : le Wat Chedi Luang, fondé au XIVe siècle, et le *bot* (chapelle) de Chiang Man,

▲
Jadis capitale d'un royaume indépendant, Chiangmai, deuxième ville de Thaïlande, possède de nombreux temples et monastères, dont le plus connu, le Wat Phra Singh, abrite une statue particulièrement vénérée du Bouddha.
Phot. F. Huguier

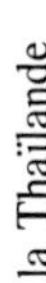

▲
Typiques d'un pays où rivières et klongs *(canaux) ont longtemps tenu lieu de routes, les marchés flottants, qui desservent les maisons construites sur les rives, restent une des attractions de la Thaïlande (Bangkok).*
Phot. C. Lénars

le plus ancien, s'animent comme de véritables foires lors des fêtes religieuses.

À quelque distance de là, Lamphun, ancienne capitale môn aujourd'hui endormie au bord de douves envahies par la végétation, conserve de beaux restes de son passé glorieux : les deux superbes *chédis* du Wat Prathat Haripounchaï. Les filles de Lamphun passent, avec celles du bourg voisin de Pa Sang, pour les plus belles de la Thaïlande. Mais, à Pa Sang, il n'en reste plus guère : « Elles sont toutes à Bangkok », vous déclare-t-on avec fierté.

La Plaine centrale, pays de l'eau

Suivant le chemin des premiers Thaïs, venus de Chine en traversant le Nord, on arrive aux abords de la Plaine centrale. C'est là, entre les capitales royales de Sukhothai, Kamphaeng Phet et Si Satchanalaï, qu'est vraiment né le Siam, avec le légendaire Râma Khamhèng. Abandonnées depuis des siècles, les trois villes ont échappé au sort dramatique d'Ayutthaya et n'ont eu à subir que les assauts du temps.

Sukhothai a donné son nom à l'une des plus grandes époques de l'art siamois, qui se dégageait lentement de l'emprise culturelle khmère pour chercher sa propre voie. Il s'y est pris, comme toujours dans ce pays, en effectuant la synthèse de plusieurs apports dans le creuset de son propre génie. Peuple nouveau dans ce monde de vieille culture, guerriers qui se sont fait une place par les armes entre les Khmers et les Birmans, plus assimilateurs que créateurs, prenant ça et là ce qui leur plaisait ou leur était le plus utile, les Siamois ont fait preuve d'une remarquable capacité de survie et d'expansion. Qui parle encore des Môns et de leurs royaumes glorieux, aujourd'hui « siamisés » ou en voie de l'être ? Que reste-t-il de l'orgueilleux empire angkorien ? Et les Siamois sont probablement les seuls, dans toute l'Asie du Sud-Est, à avoir su assimiler une importante communauté de Chinois d'outre-mer, presque aussi nombreux qu'eux il y a encore cent ans.

Quand le crépuscule tombe sur le majestueux bouddha monumental, entouré de colonnes tronquées, du Wat Mahathat, le soleil donne à la pierre des reflets d'or. Derrière, un petit *chédi* se mire dans les eaux calmes du lac d'Argent. Sur une colline, le bouddha debout du Wat Saphan Hin domine le site. Temples et ruines sont dispersés dans la verdure, véritable musée en plein air où les gens vont se promener en toute simplicité avec femme et enfants, le soir ou le dimanche.

Si Satchanalaï est située un peu à l'écart des sentiers battus, dans un calme que rien ne vient troubler. Il faut franchir en pirogue une rivière caillouteuse pour pénétrer dans un immense jardin, dont les allées tracées au cordeau vont se perdre dans la forêt. Rares sont ceux qui s'y aventurent, surtout quand le soleil tape sur la terre desséchée. Sorte de petit Angkor Wat à la siamoise, admirablement restauré et entretenu, Si Satchanalaï fait penser à une véritable ville. On imagine, entre les énormes temples de pierre et les palais en bois sculpté, les simples paillottes sur pilotis qui n'ont pas résisté aux siècles. Des buffles paissent dans les prairies. Le Bouddha, assis au sommet de la montagne de Feu, semble protéger le site de Si Satchanalaï, encore connu par les poteries dites « de Sawankhalok », du nom d'une bourgade voisine, très prisées des collectionneurs. L'élégance des temples, où l'on sent toujours l'influence khmère, a survécu, bien que nombre de motifs en stuc aient été lavés par les pluies tropicales.

Kamphaeng Phet (« Murailles de diamant ») est plus à l'ouest, dans une région moins riche. La végétation a envahi les ruines, se glissant dans les interstices de la maçonnerie. Des arbres ont poussé à travers les murailles couronnées d'herbes ou de ronces.

La Plaine centrale est le pays de l'eau, nourricière du riz. « Dans l'eau il y a du poisson, dans la rizière il y a du riz », disait déjà la stèle du roi Râma Khamhèng. Confluent des rivières du Nord — la Ping, la Wang, la Nan, la Yom —, qui se réunissent pour former la *Ménam* Chao Phraya, elle a été admirablement façonnée par la main de l'homme. Les canaux s'y entrecroisent sur des dizaines de kilomètres, formant des damiers de plus en plus petits, transformant les marécages en terres fertiles. Les routes, encore peu nombreuses, suivent souvent les canaux *(klongs)*. Les déplacements s'effectuent en barque à fond plat de village en village, de maison en maison, du foyer

◀
Les statues représentant le Bouddha couché (ici, à Ayutthaya), appuyé sur un coude et apparemment assoupi, symbolisent l'entrée de l'Illuminé dans le nirvâna, état suprême où prend fin le cycle des réincarnations.
Phot. Serraillier-Rapho

▲
Dans les ruines du Wat Mahathat, au cœur de la ville morte de Sukhotai, un bouddha solitaire se reflète dans un étang, vestige des douves qui entouraient autrefois le temple.
Phot. Dumas-Fotogram

▶
Lamphun : le Wat Prathat Haripounchaï, ses bonzes en robe safran et son grand chédi *de 51 m, commencé à la fin du IXe s., dont la pointe est recouverte d'or et la base de cuivre ciselé.*
Phot. Guillou-Atlas-Photo

aux champs. Toutefois, de longues embarcations, au moteur assourdissant, sillonnent aussi ces artères liquides.

Le paysan vit dans et surtout sur l'eau. D'où ces étonnants marchés flottants, dont celui de Bangkok — où les Thaïlandais s'amusent aujourd'hui à observer les touristes qui s'imaginent découvrir là l'authentique Thaïlande des prospectus — ne donne qu'une piètre idée. L'ancienne capitale, Ayutthaya, était une cité lacustre : c'est en sampan que les ambassadeurs de Louis XIV y arrivèrent. Il y a un demi-siècle, il fallait un bateau pour se rendre à Don Muang, l'aéroport international de Bangkok.

L'approche en avion est d'ailleurs étonnante. Le quadrillage rigoureux des rizières, les larges canaux rappellent les Pays-Bas... avec le soleil en plus. La terre est si fertile que le riz y pousse d'abondance et qu'une récolte par an a longtemps suffi. Propriétaires au début du siècle, les paysans connaissent aujourd'hui une situation plus difficile : l'augmentation de la population et l'endettement ont conduit la plupart d'entre eux à hypothéquer le lopin familial à des usuriers, ou à le vendre à des propriétaires lointains dont ils ne connaissent que l'intendant.

La terre est tellement plate, tellement basse que la marée remonte les rivières sur des dizaines de kilomètres. Les collines sont rares. À l'automne, fin de la saison des pluies, l'eau monte, et les inondations recouvrent les routes, voire des quartiers entiers de la capitale.

Il faut sortir de cette gigantesque cuvette pour retrouver le relief. Celui-ci peut être spectaculaire, comme le long de la rivière Kwaï. Popularisée par le roman de Pierre Boulle et le film qui en fut tiré, celle-ci serpente de gorges en jungle épaisse. C'est là que les Japonais construisirent le « chemin de fer de la mort », qui devait relier la Thaïlande à la Birmanie. Des milliers et des milliers de prisonniers de guerre périrent pour lui faire franchir le défilé des Trois Pagodes, pour lui creuser une voie à flanc de falaise. Et tout cela pour rien, car, à peine achevée, la ligne fut bombardée par l'aviation alliée et démantelée sur sa plus grande longueur. Aujourd'hui, la jungle a repoussé sur le ballast, les ouvrages d'art se sont effondrés, monuments macabres à la vanité et à l'ambition. Seul le fameux pont a été reconstruit.

▲
Aux environs de Bangkok, le klong *paisible de Damnoen Saduak donne une idée de ce que pouvait être l'aspect de la capitale avant que les canaux de cette « Venise de l'Asie » ne soient couverts et transformés en rues.*
Phot. Lolliot-Fotogram

▲
Le riz est la grande richesse de la Thaïlande, pays essentiellement agricole dont 90 p. 100 des habitants sont des paysans.
Phot. Boubat-Top

▶
Première capitale du royaume thaï, détrônée au XIVe s. par Ayutthaya, l'ancienne Sukhotai, située dans une plaine fertile, est parsemée d'étangs à lotus et de temples en ruine.
Phot. Renaud-Sidoc

Bangkok flotte dans la boue

Comme Venise, Bangkok s'enlise chaque année de quelques centimètres. Construite sur une terre gorgée d'eau, sillonnée à l'origine de *klongs,* à la fois rues, canaux d'irrigation et égouts, elle méritait son surnom de « Venise de l'Orient ». Le « progrès » et surtout l'implantation américaine ont tout changé. Alors que, il y a un quart de siècle, Bangkok était encore une paisible cité entourée de rizières, elle est devenue un véritable pandémonium, qui bat tous les records de cacophonie et d'embouteillages.

Rien ne prédisposait ce gros village de vergers à devenir une capitale royale. Rien ne prédisposait non plus cette capitale assoupie le long des *klongs,* cette ville provinciale à devenir, comme Jakarta, Manille ou Calcutta, une mégalopolis anarchique et congestionnée. Au début des années 60, les rizières recouvraient encore la moitié du Bangkok actuel, poussant des pointes jusqu'à l'hôtel *Erawan* et la grande artère de Ploenchit Road. C'est alors qu'arrivèrent les Américains, attirés par ce « porte-avions terrestre » ancré fort opportunément aux abords du Viêt-nam.

Bangkok s'enfla alors des multiples services qui accompagnent une armée en campagne. Les hôtels poussèrent comme des champignons, des rues sortirent de la rizière, tel le *Golden Mile* de Petchburi Road, avec ses salons de massage, ses boîtes de nuit et ses restaurants, ou Sukhumvit Road, sur la route de la grande base aéronavale de Sattahip-Utapao. Boutiques et agences de tourisme apparurent par milliers, pour aspirer les millions de dollars dépensés par les G. I. en R. et R. *(Rest and Recreation).*

Des entreprises américaines et « alliées » suivirent; on construisit des villes par quartiers entiers. La Thaïlande se désenclavait, s'ouvrait

◄
Le palais royal de Bangkok, ou Grand Palais, n'est plus la demeure des souverains, mais il sert encore à des réceptions officielles et abrite divers services administratifs.
Phot. A.-M. Bérenger-C. D. Tétrel

▲
Chapelle du palais royal de Bangkok, le Wat Phra Keo dresse les flèches élancées de ses chédis *au-dessus des toits de tuiles vernissées.*
Phot. E. Mendels

aux influences politiques, économiques, culturelles de l'Occident et du Japon. Les touristes arrivèrent par pleins charters. Peuplée d'un million environ d'habitants à la fin de la guerre, Bangkok en a aujourd'hui plus de 5 millions (avec ses faubourgs). Chaque année, quelque 100 000 paysans y arrivent de leur campagne, à la recherche d'un emploi, et s'entassent dans les bidonvilles périphériques, comme celui de Klong-Toei.

Rien de commun entre ceux-ci et les riches quartiers de bureaux et d'hôtels, ou celui, plus calme, des ministères et de l'ancien palais royal. Ce dernier est entouré d'une enceinte qui enferme également deux des plus belles pagodes de la capitale, le Wat Phra Keo et son Bouddha d'émeraude, qui change de vêtement à chaque saison, et le Wat Po. En face, de l'autre côté du fleuve, se dresse le Wat Arun (temple de l'Aube), havre de paix dans un océan de voitures. Tout près, l'esplanade de Sanam Luang (ou Pramane Ground) voit se dérouler les grandes cérémonies royales (crémation d'un souverain, fête annuelle du Premier Sillon), mais aussi l'hebdomadaire « marché du dimanche ». On y trouve de tout, des antiquités aux bassines en fer blanc, des cotonnades aux fruits et légumes apportés de la campagne par les paysannes.

Construite par vagues successives, Bangkok n'a pas de centre, ou plutôt elle en a plusieurs : Sanam Luang ; Ploenchit ; Silom, quartier des compagnies aériennes et des ambassades, mais aussi des plaisirs, le long de la ruelle de Patpong, où tous les vices sont à portée de bourse. Il y a aussi le quartier chinois de New Road, celui des militaires le long de Paholyothin Road. Seul Sanam Luang a gardé un certain cachet d'authenticité.

Le Nord-Est et ses quinze millions de Laos

Rattaché à la Thaïlande il y a à peine un siècle, le Nord-Est est un plateau sec et peu élevé, qui ne parvient plus à nourrir sa population. Bien des *Isans* — c'est comme cela qu'on appelle, en thaï, les Laos qui vivent dans cette région — sont partis pour Bangkok, où ils sont chauffeurs de taxi, domestiques ou filles de bar.

Ces « mangeurs de riz gluant », ces « joueurs de khène » (orgue à bouche), comme on les appelle avec condescendance, sont frères des Laotiens et cousins des Thaïs de la Plaine centrale.

Jusqu'aux années 60, le Nord-Est n'était relié au reste du pays que par le chemin de fer. À Nakhon Phanom, par exemple, quand on parlait d'aller à la capitale, il s'agissait de celle du Laos, Vientiane, relativement proche. Il fallait deux jours de voiture, dont de longues heures de pistes, pour gagner Bangkok. Aujourd'hui, un réseau serré d'excellentes routes sillonne la région. Certains tronçons, signalés par des marques peintes sur la chaussée, peuvent servir de piste d'atterrissage pour les avions. La fin de la guerre d'Indochine et le départ des Américains ont vidé les hôtels et privé la région

▲
Bonze en méditation dans la cour du Grand Palais de Bangkok. (La plupart des Thaïs, profondément religieux, se font moines pendant une période plus ou moins longue de leur existence et vivent alors de mendicité.)
Phot. Guillou-Atlas-Photo

de ses principales ressources. Elle est actuellement la plus pauvre, la plus sous-développée du royaume, la plus vulnérable à la sécheresse. Les rizières en damiers de la vallée de la *Ménam* Chao Phraya sont loin des villages de Roi Et ou de Maha Sarakham, où il faut parfois faire des kilomètres à pied pour tirer quelques seaux d'eau d'un puits.

Rien d'étonnant que cette région marginale soit la patrie des opposants au pouvoir central, des révolutionnaires. Depuis la jacquerie des Bhu Mi Phun, au début du siècle, jusqu'aux politiciens socialisants d'après guerre et aux communistes qui ont pris le maquis dans les monts Phu Pan, elle affiche en permanence une attitude contestataire.

En plus des Lao-Thaïs, le Nord-Est abrite une forte minorité khmère. Dans les villages situés le long de la frontière cambodgienne, bien des gens ne comprennent pas la langue officielle. Voilà qui témoigne de l'influence séculaire du royaume d'Angkor dans la région, au moins autant que les ruines qui ont survécu aux ans. Pimaï, près de Nakhon Ratchasima (l'ancienne Khorat), est un superbe ensemble d'art khmer, magnifiquement restauré il y a quelques années. À quelques dizaines de kilomètres au sud se dresse le What Prasat Panom Rung, moins connu, qui date du début de la période angkorienne. Mais le monument le plus vénéré est le *chédi* du That Phanom, à Nakhon Phanom, qui domine la plaine environnante. Restauré à plusieurs reprises, il s'est encore effondré récemment. Ce fut presque une catastrophe nationale, et tout fut fait pour le remettre en état le plus rapidement possible.

Si l'on veut remonter plus loin dans le temps, il faut se rendre au petit village de Ban Chiang, sur la route de Sakon Nakhon. Des archéologues y ont découvert des poteries décorées, plusieurs fois millénaires, qui permettront peut-être de jeter un jour nouveau sur l'antiquité du Sud-Est asiatique. Malheureusement, en dépit des mesures de protection (dérisoires), les « Ban Chiang » ont déjà pris, par milliers, le chemin des collectionneurs et des antiquaires étrangers.

Dans le Sud, étain et nids d'hirondelle

Le Sud, ce n'est plus tout à fait la Thaïlande, mais pas encore la Malaisie. Doigt pointé vers l'équateur, partagé dans le sens de la longueur, sur des centaines de kilomètres, avec la Birmanie, il recèle des richesses qui posent bien des problèmes. Éloigné de la capitale, abandonné aux mains de fonctionnaires, ce « pays perdu » connaît néanmoins une prospérité et un niveau d'éducation supérieurs à la moyenne nationale.

Située dans la baie de Phang Nga, aux abords du détroit de Malacca, l'île de Phuket est réputée pour sa beauté, ses plages et ses homards. Trop réputée, peut-être, car les touristes déferlent en cohortes de plus en plus serrées sur les rivages solitaires si vantés. Mais

◄
Bangkok : dans l'enceinte du Wat Phra Keo, les abords du Prasad Phra Thepbidorn, panthéon royal, sont ornés de gracieuses statues dorées, kinnari, kinnon *et* norasingh, *créatures surnaturelles mi-humaines mi-animales.*
Phot. M.-F. de Labrouhe

▲
Bangkok : sanctuaire du prestigieux Bouddha d'émeraude, statue de jade à l'origine légendaire, révérée par tous les bouddhistes, le Wat Phra Keo est gardé par des géants dont l'aspect se voudrait redoutable.
Phot. J. Bottin

la croisière en bateau dans la baie, qui rappelle celle d'Along (Viêt-nam), reste un spectacle féerique. Des rochers karstiques surgissent des flots, blocs escarpés sculptés par les vents et le ressac, creusés de grottes marines, formant un véritable labyrinthe. La baie est aussi connue pour sa richesse en étain, déposé en grande quantité au fond de la mer.

Au large de la côte orientale, dans le golfe du Siam, l'archipel qui entoure l'île Samui est encore un havre de paix. C'est aussi le paradis des chercheurs de nids d'hirondelle, ou, plus exactement, de salangane. Cet oiseau de rivage colle son nid sur une falaise escarpée ou au plafond d'une grotte profonde, cimentant des brins de paille avec une salive très prisée des gourmets chinois, qui l'achètent à prix d'or. Chaque îlot est affermé à un exploitant, qui en interdit l'accès à tout concurrent. Ce métier acrobatique est fort dangereux, et plus d'un collecteur a fait une chute mortelle en allant décrocher les précieux nids.

Le Sud recèle deux joyaux de l'art siamois, deux villes qui ont eu la chance d'échapper au pillage des envahisseurs : Surat Thani et Nakhon Si Thammarat, qui connurent leur âge d'or avant même l'arrivée des Thaïs, sous l'empire malais de Çrivijaya. Bien qu'elles soient relativement difficiles à atteindre par la route et situées en plein cœur de la zone d'insurrection communiste, elles méritent une visite. Le *chédi* du Wat Mahathat attire chaque année à Nakhon Si Thammarat, au mois d'octobre, des fidèles sans doute aussi nombreux que ceux qui s'y pressaient déjà il y a mille ans, quand la ville s'appelait encore Ligor. Des vestiges de l'art de Çrivijaya en témoignent.

Ce n'est pas pour parfaire leur culture que les visiteurs abondent à Haadyai, la plus importante ville du Sud. Haadyai est avant tout la capitale du jeu, des night-clubs et des bars à filles, lieu de week-end apprécié des Malaisiens voisins, sevrés de ce genre de distractions par un gouvernement islamique et prude. À une demi-heure de voiture de là, sur la côte orientale, Songkhla se blottit autour d'une colline, près d'une plage interminable, en partie bordée de grands filaos. La nuit, des dizaines de cuisiniers en plein air viennent y planter leur éventaire, offrant poissons et fruits de mer accommodés de cent manières délicieuses. La longue lagune qui s'étend au nord, le Thalé Sap, séparée de la mer par un cordon littoral sablonneux, permet de belles promenades en bateau.

Le reste du Sud est le domaine des Thaïlandais musulmans, qui sont plus d'un million. Sujets de la Thaïlande par accident, ils sont beaucoup plus proches de la Malaisie voisine, à laquelle ils sont attachés par la race, les coutumes, la religion, la langue et même les liens de famille. Groupés autour de leur mosquée, pêcheurs et paysans résistent aux tentatives d'assimilation entreprises par le lointain gouvernement de Bangkok. Ils font déjà partie d'un autre monde, le monde malais de l'Insulinde, qui s'étend sur la Malaysia, l'Indonésie et le sud des Philippines... ■ Patrice de BEER

▲
Au sud de la Thaïlande, la baie de Phang Nga est hérissée d'îlots et de rochers aux formes surprenantes, percés de grottes et de cavernes, qui composent un extraordinaire paysage marin.
Phot. Dubois-Atlas-Photo

▶
En témoignage de piété, les Thaïlandais collent de minces feuilles d'or sur les statues du Bouddha pour lesquelles ils ont une dévotion particulière.
Phot. Yamashita-Rapho

la Malaysia

Tête de pont de l'Insulinde sur le continent asiatique, la Malaysia s'étend de part et d'autre de la mer de Chine méridionale, comme deux parenthèses séparées par l'île-État de Singapour. À l'ouest, l'ancienne Malaisie est devenue la Malaysia occidentale ; à l'est, la Malaysia orientale occupe un quart de la mystérieuse île de Bornéo. Charnière de deux mondes, ce pays neuf est — comme les États-Unis dont il a copié la bannière striée de rouge — un creuset de peuples et de civilisations. En un siècle, les migrations venues de la Chine, de l'Inde et de l'Indonésie voisine ont fait passer la population de quelques centaines de milliers d'habitants dispersés dans la jungle à plus de 12 millions d'âmes.

Fédération de quatre États et de neuf sultanats aux cours d'opérette et aux coutumes désuètes, avec leurs palais enfouis sous les palmiers, la Malaysia est aussi le monde bruyant et efficace des hommes d'affaires chinois, qui manipulent des millions de dollars du fond de leur *shophouse* ou de leur *building* ultramoderne. Le *t'ak apa* (« ça ne fait rien ») des Malais, qui aiment jouir de la vie et prendre l'air (*makan angin*, « manger du vent », disent-ils), coexiste tant bien que mal avec l'esprit d'entreprise des Chinois et la volubilité des Indiens.

Ce cocktail de couleurs, saupoudré de blanc et secoué dans le shaker de l'administration coloniale britannique, a donné des résultats brillants, surtout dans les domaines économique et humain. À chaque coin de rue, dans chaque *kampong* (village), la beauté des filles surprend, qu'il s'agisse de Malaises, de Chinoises, d'Indiennes ou d'Eurasiennes. Elles sont, en quelque sorte, les monuments d'un pays pratiquement dépourvu de ruines et de souvenirs historiques.

Mais le cocktail peut aussi prendre un goût amer, donner lieu à une réaction chimique imprévisible. Les sourires se figent, les armes sortent du fond des coffres, et l'antagonisme entre les *bumiputra* (les « fils du sol », les Malais) et leurs compatriotes chinois et indiens explose avec une violence terrible. Les pogroms antichinois de mai 1969, qui firent des centaines de morts, sont encore dans toutes les mémoires, et la crainte d'une nouvelle tragédie pèse sur l'avenir du pays comme une épée de Damoclès.

Les pères fondateurs, sachant que la discorde raciale menaçait la fédération, lui donnèrent comme devise *Bersekutu bertambah mutu* (« l'union fait la force »). Mais les bonnes intentions sont aussi fragiles que le *bunga raya*, l'hibiscus rouge qui symbolise le pays.

▲
Les tortues géantes de la mer de Chine viennent déposer leurs œufs dans le sable des longues plages qui frangent la côte est de la péninsule Malaise.
Phot. F. Huguier

Histoire
Quelques repères

VIIIe s. : empire de Çrivijaya.
XIVe-XVe s. : empire de Mojopahit ; fondation de Malacca ; arrivée de l'islam.
1511 : prise de Malacca par les Portugais.
1641 : prise de Malacca par les Hollandais.
1786 : les Anglais s'installent dans l'île de Penang.
1795 : les Anglais occupent Malacca.
1819 : le Britannique Raffles fonde Singapour ; Londres étend progressivement son contrôle sur toute la péninsule.
1942-45 : occupation de la Malaisie par les Japonais.
*1948 : début de l'*Emergency*, lutte contre les maquis communistes.*
1957 : indépendance de la Malaisie dans le cadre du Commonwealth.
1963 : Singapour, le Sarawak et le Sabah se joignent à la Malaisie pour former la fédération de Malaysia.
1965 : sécession de Singapour, qui quitte la fédération pour devenir une république.
1969 : pogroms antichinois et anti-indiens en Malaisie.
1970 : Abdul Razak remplace Tunku Adbul Rahman, Premier ministre depuis l'indépendance.
1976 : mort d'Abdul Razak ; Hussein Onn devient Premier ministre.

Rajas et conquistadores

Avant que les Anglais, à la fin du XIXe siècle, ne la déboisent massivement pour créer des plantations d'hévéas, la péninsule Malaise était couverte d'une jungle impénétrable, peuplée de tigres, d'éléphants et de rhinocéros unicornes aujourd'hui à peu près disparus. Elle fut longtemps une mosaïque de petites principautés, établies à l'embouchure des rivières dont elles portaient le nom. Leur population se limitait à quelques centaines ou à quelques milliers de paysans et de pêcheurs, guerriers et pirates à l'occasion. Et les occasions de se battre ne manquèrent pas pendant les longues périodes d'anarchie qui séparèrent les époques glorieuses de la péninsule.

Chersonèse d'or du géographe grec Ptolémée, la Malaisie a été peuplée par des migrations venues du nord. Au cours des deux millénaires qui précédèrent l'ère chrétienne arrivèrent les Proto-Malais, aujourd'hui refoulés dans la jungle et affublés du nom générique et péjoratif de Sakaïs. Puis les Malais descendirent le long de la péninsule, en direction de l'Insulinde, et se fixèrent dans cette région stratégique, point de passage obligé entre l'Asie occidentale et l'Extrême-Orient, entre l'Inde et la Chine, mais aussi productrice de biens très recherchés à l'époque : épices et métaux précieux.

Après avoir été successivement englobée dans les deux empires maritimes de Çrivijaya et de Mojopahit, et « hindouisée » sous l'influence de marchands indiens, la Malaisie connut son heure de gloire avec le sultanat de Malacca. L'Inde était alors gouvernée par les Mongols musulmans, et les commerçants indiens apportèrent avec eux l'islam, qui allait prendre progressivement possession du monde malais jusqu'aux Philippines.

Pendant un peu plus de cent ans, de la fin du XIVe siècle à la conquête et au pillage de la ville par les soldats portugais d'Albuquerque en 1511, Malacca fut la reine des détroits, le carrefour des échanges, le point de rencontre des mondes indien et chinois : sa richesse ne pouvait manquer d'attirer la convoitise des conquistadores.

« L'or ne vaut pas cher à Malacca, où il est considéré comme une simple marchandise », écrivait Tomé Pires. Il ne reste plus rien des fabuleux trésors accumulés dans ce luxueux entrepôt, dont le monarque se déplaçait avec un cortège d'éléphants caparaçonnés. Le port s'est envasé, la ville s'est endormie, et c'est maintenant Singapour qui joue le rôle de carrefour du commerce mondial.

Une fois installés à Malacca, les Portugais commencèrent par construire une forteresse — A Famosa, « la Fameuse » — et des églises. Saint François Xavier y vint à maintes reprises. Les princes malais tentèrent de secouer le joug pesant des missionnaires et des marchands portugais, avec l'aide des Arabes qui avaient été évincés. Malacca fut assiégée, des coalitions se nouèrent et se dénouèrent devant ses murailles inexpugnables. Ce furent finalement les Hollandais qui, après avoir affamé la garnison par un long siège, expulsèrent les Portugais de la région et s'installèrent à leur place. Cela se passait en 1641. Ce fut la fin de Malacca, dont le déclin fut très rapide. La Compagnie hollandaise des Indes orientales n'avait aucune envie de concurrencer le port qu'elle avait construit à Batavia, dans l'île de Java, et qui est devenu Jakarta, la capitale de l'Indonésie.

La naissance de Singapour

Intrigues et guerres se succédèrent dans les petits États de la péninsule, en particulier dans le Sud, au Johor dominé par les Bugis, aventuriers pirates venus de Célèbes, avant que les navigateurs britanniques n'arrivent de Calcutta et n'expulsent les Hollandais au cours des guerres napoléoniennes. Le capitaine Francis Light avait déjà acheté l'île de Penang en 1786. En 1819, le célèbre administrateur sir Thomas Stamford Raffles, secrétaire de la Compagnie des Indes orientales, obtint la cession de Singapour. Il en fit la métropole des échanges régionaux, le point d'ancrage de la puissance britannique et le centre géométrique de l'immigration chinoise.

La vie de sir Raffles se lit comme un roman d'aventures. Il a donné son nom à une des plus grosses fleurs du monde, la rafflésie (1 m de diamètre). Il a découvert et inventé Singapour, transmutant, avec plus de succès que ceux qui cherchaient la pierre philosophale, cette terre insalubre et ses quelques cabanes en une intarissable source de richesses pour Sa Très Gracieuse Majesté.

Avec l'arrivée des Britanniques et leur prise de contrôle progressive de la péninsule, la chanson de geste cède la place aux plus prosaïques rapports d'administrateurs et comptes de marchands. Il faudra attendre la fin du XIXe siècle pour que Londres prenne la haute main sur les neuf sultanats et les Comptoirs des Détroits *(Straits Settlements)*, ensemble commercial qui comprenait Singapour, Malacca, les îles Dindings et Penang.

L'administration malaise se modernisa sous l'influence des résidents britanniques, mais les colonisateurs cherchaient avant tout à tirer le maximum de profits du pays, riche en bois précieux et surtout en étain. Des Tamouls (Indiens du Sud) débarquèrent par cargos entiers pour suppléer au manque de main-d'œuvre locale, tandis que les Chinois arrivaient par milliers, entassés dans des jonques. Groupés en clans ou en sociétés secrètes, sous l'autorité d'un chef reconnu par les Anglais, le *Kapitan China*, ces derniers tentèrent de s'enrichir en exploitant le pays. Mineurs d'étain au Perak et au Selangor, ils s'opposèrent parfois en des guerres sanglantes, jetant le poids de leur nombre dans les luttes entre sultans ou prétendants au trône, jusqu'à ce que les Anglais, fatigués de l'anarchie, y mettent bon ordre.

Avec le siècle débuta la grande aventure de l'hévéa, l'arbre à caoutchouc. Volées au Brésil, où le caoutchouc avait fait la fortune des *seringueiros*, acclimatées au jardin botanique de Kew, près de Londres, les semences furent

▲
Temple hindouiste à Kuala Lumpur, foisonnant de personnages vivement colorés : une décoration qui rappelle étrangement ces anciens orgues de manège forain que l'on appelait « limonaires ».
Phot. F. Huguier

▲
Le cerf-volant, dont le nom malais est wau, *est très populaire sur la côte est, où les amateurs se livrent à des concours d'altitude : les appareils joliment ornés s'y livrent à de gracieuses évolutions.*
Phot. F. Huguier

plantées en Malaisie. Le succès fut immédiat, provoquant la ruine de cités brésiliennes comme Manaus. De grandes sociétés — britanniques, mais aussi françaises —, de petits planteurs chinois et malais entreprirent la culture de l'arbre miracle sur des milliers d'hectares, faisant de la Malaisie le premier producteur mondial de latex. Par pans entiers, la jungle céda la place à des alignements sans fin d'hévéas, du nord au sud de la côte occidentale.

Ce fut la période des *estates* (plantations), immenses oasis au centre desquelles le planteur menait une vie rude, mais dans un confort comme seuls les Britanniques peuvent en concevoir, entourés de milliers de *rubber tappers* (saigneurs d'hévéas). Le travail commençait avant le lever du jour, à la lumière des torches. Henri Fauconnier (planteur français, mais aussi écrivain et prix Goncourt 1930 avec *Malaisie*), Pierre Boulle *(le Sacrilège malais)* et Somerset Maugham ont décrit cette vie de potentat pratiquement indépendant.

Signalons par ailleurs, et pour mémoire, que Fauconnier et la société française Socfin furent les premiers à introduire dans le pays le palmier à huile, autre richesse malaisienne.

▲
S'ils ne sont plus « coupeurs de tête », les Dayak du Sarawak ont conservé beaucoup de leurs coutumes : ils sont toujours abondamment tatoués, et certains chassent encore à la sarbacane.
Phot. S. Held

Exit l'Union Jack

Pendant que les planteurs travaillaient, chassaient le grand fauve, s'efforçaient de percer les mystères de la jungle et des *kampongs*, mais aussi de la conjoncture économique mondiale, et sablaient le champagne à l'ombre des « sortilèges malais », Londres gouvernait. Et, pour consolider son pouvoir sur cette multitude d'États et de races, elle adoptait la solution classique : diviser pour régner. L'administration fut réservée à l'élite malaise, qui, sûre de trouver un emploi, se désintéressa de l'économie. Celle-ci devint la chasse gardée des entreprenants Chinois. Les Indiens se partagèrent les professions libérales et les postes dans les services publics (chemins de fer, P. T. T.). Le ver des difficultés actuelles était dans le fruit.

Les événements se précipitèrent. Secouée par la crise des années 30, la colonie britannique s'effondra sans gloire devant les Japonais, avec la capitulation de Singapour (15 février 1942). Après la fin de la guerre et l'échec de la Malayan Union, qui fut la seule tentative d'instaurer une société vraiment multiraciale, l'insurrection communiste débuta en 1948. Les Anglais employèrent la manière forte, regroupant des centaines de milliers de personnes dans des « nouveaux villages » qui ressemblaient fort à des camps de prisonniers.

Le 31 août 1957, l'Union Jack fut remplacé par le drapeau de la nouvelle fédération de Malaisie, qui accédait enfin à l'indépendance *(Merdeka)* où l'avait menée le père du pays, Tunku Abdul Rahman. (Celui-ci resta au pouvoir jusqu'en 1970, à la tête d'une coalition politique de trois partis, malais, chinois et indien : l'Alliance, devenue ensuite le Front national.)

Le 16 septembre 1963, la fédération prit le nom de Malaysia en fusionnant avec trois nouveaux États : Singapour, le Sarawak et le Sabah, ces deux derniers, situés au nord de l'île de Bornéo, formant la Malaysia orientale. Très vite, le nouvel État se heurta à des difficultés : ce fut d'abord la « confrontation » avec l'Indonésie, puis, le 9 août 1965, la sécession de Singapour, qui proclama son indépendance. En mai 1969, des émeutes raciales ensanglantèrent le pays.

Le calme se rétablit vite, favorisé par les bénéfices considérables dus au développement économique et à l'exploitation des richesses naturelles avec l'aide d'importants investissements étrangers : des milliards de dollars tombèrent dans les caisses de l'État. Celui-ci pensa avoir trouvé de nouvelles ressources avec le pétrole et le bois, mais l'exploitation de ce dernier se fait de façon anarchique et parfois dangereuse, témoin le déboisement massif de certaines régions : au Pahang et au Sabah, les autorités locales semblent plus préoccupées par le montant de leur compte en banque que par l'inéluctable catastrophe écologique.

Exemple de réussite économique dans un tiers monde qui en compte peu, la Malaysia a malheureusement connu, ces derniers temps, un renouveau de querelles intestines et d'ambitions contradictoires. Y succombera-t-elle ?

Malacca, la cité endormie

Après avoir franchi la chaussée de pierre qui relie l'île de Singapour à la péninsule Malaise, traversé les immenses plantations du Johor — hévéas et ananas —, franchi la rivière de Muar et longé l'ombre du mont Ophir, on arrive dans la campagne luxuriante qui entoure Malacca : cocotiers et arecs élancés, rizières inondées, vergers.

Il ne reste rien de la cité marchande d'Iskandar Shah, où vécut le héros du pays, Hang Tuah. Homme d'esprit et d'honneur, grand séducteur, celui-ci maniait avec virtuosité le *kriss,* poignard malais à lame serpentine, onduleuse comme une flamme. Doté d'un pouvoir magique, façonné par des artisans qui se transmettent de génération en génération la recette de l'alliage qui lui donne son reflet fauve, le *kriss* incarne bien l'âme malaise, belle et sauvage. La légende raconte qu'une folie meurtrière s'emparait parfois d'un Malais : *kriss* au poing, il se jetait alors sur tous ceux qu'il rencontrait jusqu'à ce qu'un homme courageux s'interpose, le désarme ou l'abatte. C'est sa lutte victorieuse contre quatre guerriers saisis par l'*amok* qui rendit célèbre Hang Tuah.

Le seul vestige d'art musulman de Malacca est la mosquée Tranquerah, de style sumatranais mais ressemblant fort à une pagode chinoise à toits superposés. Quant au temple chinois Cheng Hoon Teng, il date du XVIIe siècle et c'est le plus ancien de la Malaisie. Bruissant d'activité, parfumé par la fumée entêtante des bâtonnets d'encens — certains sont gros comme le bras —, bourdonnant d'incantations et du cliquetis des baguettes jetées sur le sol pour connaître l'avenir, il a été régulièrement remis en état, ce qui lui donne un aspect neuf. En face s'élève un théâtre, aujourd'hui abandonné.

Le temple est situé au cœur de la ville chinoise, dont les rues étroites sont bordées de *shophouses* (boutiques et ateliers d'artisans) et de belles demeures. Derrière une façade banale qui les dissimule aux curieux, salles et cours se succèdent, richement décorées et meublées. Là vivent de vieilles familles établies à Malacca depuis des siècles, les *babas,* qui ont oublié le chinois et adopté certaines coutumes malaises.

De l'autre côté de la rivière — étroite et boueuse, et dont plus rien n'indique qu'elle abritait jadis caravelles et galions —, les ruines de la forteresse A Famosa et les vestiges de l'église Saint-Paul, souvenirs de l'occupation portugaise, se dressent sur la colline. Au pied, deux bâtiments en brique rose, parfaitement conservés, l'hôtel de ville et l'église du Christ, élevés au XVIIe siècle par les Hollandais, suffisent à recréer sous les palmiers l'ambiance des Pays-Bas.

Avant l'arrivée massive des touristes et les implantations d'usines, Malacca vivait dans une quiétude que troublaient à peine les campagnes électorales. Il faisait bon musarder dans les

▲
Souvenir de la colonisation hollandaise, le vieux Stadthuis *(hôtel de ville) rose de Malacca abrite les bureaux de l'administration depuis plus de trois cents ans.*
Phot. Vautier-De Nanxe

▲
Symbole de la volonté de modernisme de la Malaysia, la Mosquée nationale de Kuala Lumpur, construite en 1965, est d'une remarquable pureté de lignes.
Phot. F. Huguier

vieilles rues, chiner chez les antiquaires de Joonkers Street, se promener dans les cimetières malais et chinois de Bukit China, flâner le soir sur le bord de mer, parmi les marchands de soupes chinoises et de *saté* (brochettes). On pouvait voir, certains jours de fête, des Chinois se transpercer la langue d'aiguilles et marcher sur le feu sans se soucier des badauds étrangers.

L'odeur du dourian

Cette odeur entêtante qui emplit les rues et les campagnes à la saison chaude, qui prend au cœur comme un parfum envoûtant ou écœurant — selon les goûts —, qui unit Malais et Chinois dans une frénésie gastronomique pour laquelle certains sont prêts à dépenser une fortune, c'est celle du dourian. Sorte d'énorme grenade, à la peau tellement dure qu'il faut la trancher pour l'ouvrir et dégager de gros noyaux entourés d'une chair crémeuse, le dourian est particulièrement estimé au Negeri Sembilan, petit État original séparant Malacca de Kuala Lumpur, la capitale. Il a la réputation d'être aphrodisiaque, et un proverbe malais prétend que « quand les dourians tombent, les sarongs se relèvent ». (Le sarong est le vêtement passe-partout, jupe d'homme ou de femme, cousu ou simplement noué sur les reins.) Les Occidentaux, rebutés par l'odeur, n'en raffolent guère. « On croirait manger de la crème dans des latrines », disait avec dégoût l'écrivain britannique Anthony Burgess.

Le Negeri Sembilan a été fondé par des émigrants venus de l'île voisine de Sumatra, des Minangkabau. Ils ont apporté avec eux leurs coutumes, monarchie élective et matriarcat, qui cohabitent tant bien que mal avec les règles misogynes du droit musulman. La résidence royale est le petit village de Sri Menanti, blotti au pied des montagnes, dans la verdure. L'ancien palais, construit en bois sur pilotis, est, dit-on, hanté.

L'heureux visiteur invité aux cérémonies royales par le Yang Dipertuan Besar, le sultan de l'État, a l'impression de pénétrer dans le monde des *Mille et Une Nuits :* la petite cour, vêtue d'atours de soie — *songket* tissé de fils d'or ou d'argent, les hommes portant le *kriss*, les femmes constellées de bijoux —, entoure le souverain, auquel est réservé le parasol à plusieurs étages et la couleur or. En Malaysia, chaque sultan a sa garde aux armes désuètes, son drapeau et son hymne national. Chaque sultanat a même, suprême raffinement, sa propre manière de nouer le turban. Quand la monarchie fédérale fut instaurée, en 1957, il fallut créer un nouveau style pour le roi !

Kuala Lumpur, ville centenaire

En dépit des travaux qui la défigurent — que de crimes ne commet-on pas pour la satisfaction des automobilistes ! — et des immeubles modernes qui sortent de terre, Kuala Lumpur garde un cachet colonial et provincial. Les efforts des autorités ne parviennent heureusement pas à la faire ressembler aux métropoles voisines, Bangkok ou Singapour : les quartiers résidentiels des collines boisées de Kenny Hill, les parcs et les vieux quartiers chinois ont résisté au temps.

▲
Édifiée au début du siècle dans le style mauresque traditionnel, rehaussé de quelques éléments indonésiens, la vieille mosquée Jame est une oasis de calme au centre de Kuala Lumpur.
Phot. C. Lénars

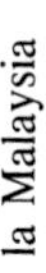

Les monuments sont peu nombreux : bâtiments hispano-moresques à la sauce anglo-indienne, semblant sortir tout droit d'un film de Hollywood (vieille mosquée et gare), et réussites de l'architecture moderne (Mosquée nationale et Parlement). Entourés par des banlieues qui ne cessent de gagner sur la forêt, les *kampongs* malais sont voués au nivellement, perdant leur cachet rural pour devenir des rangées de villas bon marché. Restent les quartiers chinois, animés jour et nuit, accumulation de commerces et de boutiques, où les restaurants sont rois : porc rôti, nouilles, canards laqués, échoppes en plein vent, marchés de nuit, bazars où s'entassent toutes les marchandises imaginables, de la pire camelote aux appareils électroniques japonais les plus modernes. Femmes chinoises en pyjama à fleurs, hommes ventripotents prenant le frais sur le pas de leur porte, en short et gilet de corps. Kuala Lumpur est la capitale des gourmands !

Située au point de rencontre de deux rivières fangeuses, Kuala Lumpur, dont le nom signifie « Confluent boueux », n'était qu'une minuscule bourgade avant que les mineurs d'étain chinois de Yap Ah Loy ne s'y installent, il y a une centaine d'années. Les mines encerclent encore la ville, avec les plantations d'hévéas. Dans une de ces plantations, à plus d'une heure de route de Kuala Lumpur, se trouve la maison des Palmes, due à la fantaisie de Fauconnier : une immense bâtisse de style malais, au gigantesque salon meublé de divans pour on ne sait quelles fêtes, dont la chambre des maîtres donne directement sur un plongeoir surplombant une piscine alimentée par des gargouilles ; un personnel stylé, pieds nus, est prêt à satisfaire les moindres désirs. Dans une autre plantation, envahie par la jungle, disparaît lentement la « folie » d'un planteur écossais de l'entre-deux guerres, une sorte de château médiéval, maintenant peuplé de lianes, de singes et de souvenirs d'une époque révolue. Aujourd'hui, les planteurs ne sont plus que des techniciens, des hommes d'affaires efficients.

De sommet en sommet

Pour échapper à la chaleur accablante de l'été en plaine, les Britanniques avaient créé des stations d'altitude. La plus courue est la plus récente : Genting Highlands, à une cinquantaine de kilomètres de la capitale, où les riches Chinois de Kuala Lumpur viennent perdre des fortunes au casino. Pendant le week-end, on y monte s'abrutir en famille autour des tables de jeu, sans se soucier du grandiose paysage environnant. Les Malaisiens — et surtout les Chinois — ont rarement une âme d'artiste, et l'argent demeure la mesure étalon en toute chose, de l'utilitaire au plaisir !

Tout autre est Fraser's Hill, au nord. On s'y croirait en Angleterre, avec les maisons de pierre grise à poutres apparentes. Depuis la torture du *morning tea,* qui vous réveille aux aurores pour vous faire ingurgiter une tasse de breuvage brûlant, à la cérémonie du bain vespéral et au feu de cheminée, en passant par l'inévitable club de golf, l'atmosphère est restée typiquement britannique. On peut faire de merveilleuses promenades dans la jungle de fougères arborescentes, retentissant de mille cris de singes.

Encore plus au nord, Cameron Highlands a son mystère : la disparition, il y a une dizaine d'années, de l'Américain Jim Thomson, réinventeur de la soie thaïe et ancien agent de l'O. S. S. (le service de renseignements qui précéda la C. I. A.) ; il était parti faire une promenade en forêt, et personne ne l'a jamais revu. Derrière les plantations de thé et les jardins en terrasses des maraîchers chinois, la jungle est là. À moitié nus, marchant en file indienne d'un pas rapide, les aborigènes sortent régulièrement de la forêt pour faire leur marché

*Englobées par les Malais sous la désignation générique d'*Orang Asli, *les diverses ethnies qui peuplaient jadis la Malaysia sont aujourd'hui très clairsemées dans la péninsule, mais encore bien représentées à Bornéo.*
Phot. Demesse-A.A.A. Photo
▼

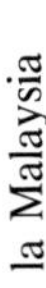

et vendre quelques menus produits. Animistes, ils tentent de résister au pesant prosélytisme des Malais, qui cherchent à les islamiser et à les assimiler. Le colonialisme occidental a déteint sur les anciens colonisés, qui reprennent les vieilles méthodes à leur compte pour les utiliser contre moins civilisé qu'eux. Les leçons de l'histoire sont vite oubliées !

Après avoir survolé la quatrième station d'altitude, Maxwell Hill, perdue au milieu des fleurs et accessible seulement en Jeep, et laissé sur la gauche la colline de l'île de Penang, on voit apparaître le mont Kedah, qui se dresse tout seul dans la plaine et sert de repère aux navigateurs. C'est sans doute en raison de cette situation isolée que, tout autour, on retrouve des ruines de temples hindouistes, comme le petit *chandi* de Bukit Batu Pahat.

La mer et le soleil

Gorgée de soleil et sertie dans le bleu-vert d'une mer peu profonde, où apparaissent les veines des bancs de sable, ou bien couverte de lourds nuages noirs dans lesquels disparaît sa colline, haute de 900 m, Penang est le joyau du détroit de Malacca. Certes, il y a d'autres îles — la sauvage Langkawi aux blanches falaises de marbre ; la petite Pangkor, ancien bastion hollandais où des maniaques du progrès envisagent de construire une raffinerie de pétrole et une base navale —, mais aucune n'a le charme composite et cosmopolite de Penang, ni son passé avec lequel seule Malacca peut rivaliser.

La capitale de Penang, George Town, essentiellement chinoise mais parsemée de souvenirs de la présence anglaise depuis Francis Light (Fort Cornwallis, église Saint-George, cathédrale de l'Assomption), avec une importante minorité de musulmans indiens, les Kling, n'a

◄
Au sud de la péninsule Malaise, non loin des gratte-ciel de Singapour, la tribu nomade des Jukun mène une existence primitive dans des paillotes provisoires élevées au bord des rivières.
Phot. Dumas-Fotogram

▲
À Cameron Highlands, station d'altitude créée par les Anglais, la jungle a fait place à des plantations de théiers qui couvrent pentes et vallons de leur opulent tapis vert.
Phot. Zefa-Vloo

pas encore été débaptisée, décolonisée : elle abrite la retraite tranquille de quelques fonctionnaires britanniques. Centre d'affaires, ancien port franc à quelques encablures de la côte à laquelle la relie une noria de *ferries*, la ville a perdu une partie de son calme pour s'industrialiser et s'ouvrir au tourisme, offrant ses plages frangées de cocotiers aux amateurs de bronzage.

La campagne est demeurée essentiellement malaise, avec ses villages de paysans et de pêcheurs, construits sur pilotis dans les embouchures des rivières. Ici, on sent l'odeur de la marée, de l'âpre *belachan* (forte pâte de crevette utilisée comme condiment), des *ikan bilis* (petits anchois séchés, une des friandises les plus appréciées), des crevettes et des *kropok* (beignets de poisson ou de crevette qui décuplent de taille quand on les plonge dans la friture bouillante). La Malaisie regorge de poissons et de crustacés, que chacun accommode à sa manière, toujours délicieuse. Les crabes sont très appréciés, surtout à Port Kelang, près de Kuala Lumpur. Les Malaisiens n'hésitent jamais à faire un détour, ou même un voyage, pour bien manger ! L'attrait d'un restaurant n'est pas son cadre, mais la qualité de ses mets. Point n'est besoin de belle vaisselle, de nappe. Le bois, le plastique suffisent, si la chère est bonne. On mange beaucoup et vite, en buvant de la bière — ou du cognac si l'on n'est pas musulman —, puis on s'en va en laissant sur la table et par terre les reliefs du festin, immédiatement balayés pour faire place au client suivant. Bien des gens préféreront s'asseoir sur un tabouret bancal, près d'une charrette où une soupe mitonne sur un réchaud à charbon de bois, plutôt que de dîner dans un établissement luxueux, mais sans caractère : le bruit court, de bouche à oreille, que telle famille prépare la meilleure omelette aux huîtres, la plus succulente soupe aux ravioli *wan tan*.

Il faut avoir l'estomac calé pour monter, à flanc de coteau, au temple de Kek Lok Si, ou pour supporter la fraîcheur — toute relative — de Penang Hill (colline de Penang), où conduit un funiculaire. La vue est superbe quand le temps est clair. Il faut aussi voir le temple des

◄
Les Chinois, très nombreux en Malaisie, sont fiers d'avoir la peau plus claire que les Malais, et les femmes protègent soigneusement leur teint des ardeurs du soleil.
Phot. Vautier-De Nanxe

▲
Le monastère de Kek Lok Si, dans l'île de Penang, possède le plus vaste sanctuaire bouddhique de la Malaisie : baptisé «précieuse pagode du Million de bouddhas», c'est un grand centre d'attraction religieuse et touristique.
Phot. Vautier-De Nanxe

►
Longtemps isolée du reste de la péninsule par les montagnes, la jungle et les marécages, la côte orientale est demeurée un havre de paix et de sérénité, où bat le cœur de la vraie Malaisie.
Phot. Yamashita-Rapho

Serpents, grouillant de reptiles lovés un peu partout, sur les autels, autour des piliers et des plantes en pots, assoupis par les fumées de l'encens, se mouvant avec une incroyable lenteur. C'est une chance, car ils sont très venimeux.

La vraie Malaisie est à l'est

Deux routes seulement relient la côte ouest à la côte orientale de la Malaisie, traversant jungle et montagnes. Une artère stratégique, la East-West Highway, est en cours de construction, mais les travaux progressent très lentement dans une forêt qui est le domaine des maquisards du parti communiste. De temps en temps, comme pour rappeler leur présence, ceux-ci tendent une embuscade ou lancent une attaque surprise. On peut aussi prendre le train qui, à l'allure d'un cheval qui trotte, traverse toute la Malaisie en diagonale, de Singapour à Kota Baharu, capitale du Kelantan, dont le sultan préside actuellement la fédération.

La côte est, c'est la vraie Malaisie, celle qui n'a guère connu l'émigration chinoise et indienne, celle qui n'a pas été défigurée par les plantations et qui n'a pas abandonné sa culture pour se lancer dans la frénésie de la modernité. Écrasée de soleil le long de centaines de kilomètres de plages battues par la mer de Chine, calme et sereine, elle pratique encore avec une application séculaire les arts traditionnels, ailleurs galvaudés : *batik* et *songket, wayang kulit* et *gamelan.* Elle a subi l'influence siamoise, a depuis des siècles des liens avec le Cambodge, et serait même, disent certains, le berceau de l'islam dans la péninsule, des Chinois ayant apporté la religion nouvelle sur la côte du Terengganu (ou Trengganu).

Qui ne connaît le batik? (Encore que, aujourd'hui, il soit plus souvent imprimé au mètre dans les usines modernes de la banlieue de Kuala Lumpur.) Ce procédé, qui a atteint son suprême degré de raffinement à Java, consiste à plonger des pièces de cotonnade dans plusieurs bains de teinture successifs, en prenant soin, avant chaque opération, de recouvrir les motifs que l'on entend réserver d'une couche de cire appliquée à l'aide d'un petit stylet creux. Cela donne de superbes dessins, parfois craquelés, sur un tissu qui fleure bon la

▲
Proue et poupe pointant vers le ciel, les élégantes barques des pêcheurs malais de la côte est, près de Kuala Terengganu.
Phot. Vautier-De Nanxe

▲
Lorsque la côte est trop plate pour que les bateaux de pêche puissent s'approcher du rivage, on utilise des buffles attelés à des charrettes pour ramener le poisson à terre.
Phot. F. Huguier

▶
Pendant la belle saison, les maisons des pêcheurs de Kuala Dungun sont élevées tout près de la plage, mais, quand vient la mousson, leurs propriétaires les déplacent vers l'intérieur des terres pour les mettre à l'abri.
Phot. Frédéric-Explorer

cire d'abeille. Les cotons et les teintures chimiques viennent maintenant du Japon, mais bien des batiks sont encore dessinés à l'ombre des *kampong*, par les paysannes du Kelantan et du Terengganu, entre deux récoltes de riz. Ce sont les plus beaux, les plus recherchés.

Pour les mariages, les cérémonies, l'aristocratie malaise et les cours princières préfèrent le *songket*, pièce de soie tissée de fils d'or ou d'argent sur des métiers artisanaux, disposés sous les maisons à pilotis. Travail lent et minutieux, qui use les yeux des femmes. Travail séculaire, mais en voie de disparition.

La nuit, quand l'air est calme, que la brise retient son souffle, on entend souvent, dans les villages, la musique d'un orchestre à percussion, le *gamelan*, accompagné de l'aigre crissement du violon arabe à une corde, le *rebab*. Elle rythme la mélopée du *dalang*, le montreur de marionnettes du théâtre d'ombres. Ces représentations en plein air de *wayang kulit* durent parfois la nuit entière. Précédées d'incantations magiques, elles retracent les multiples épisodes du *Ramayana*, l'épopée hindoue de Rama et de Sita, les amoureux séparés, qui domine la mythologie de toute l'Asie du Sud-Est. Maniant habilement des dizaines de figurines en cuir découpé, qui projettent leur ombre sur une toile blanche, imitant la voix des différents personnages dans une langue archaïque, mêlée d'expressions comiques, le *dalang* charme une assistance qui ne lui préfère pas encore le cinéma. (Sur la côte ouest, le *wayang kulit* a pratiquement disparu.)

Enfin, la côte est est le sanctuaire de l'islam, qui régit la vie quotidienne des Malais. Religion imposée, aux règles strictes et dont, paradoxalement, la rigidité ne cesse de s'accentuer, bien qu'elle ne soit pratiquée que par une moitié de la population. Chaque sultan est le chef spirituel de son État, et un Malais qui oserait abjurer serait rejeté comme un hors-la-loi par ses congénères. Les foudres du juge coranique guettent les couples illégitimes, coupables du *khalwat*, ou ceux qui fument — ou même avalent leur salive ! — pendant le jeûne du ramadan. Mosquées simples des villages et coupoles dorées semblant issues de l'imagination d'un Cecil B. de Mille parsèment les moindres recoins du pays.

Coupeurs de têtes et cow-boys

À quelques heures d'avion de la Malaisie, ou Malaysia occidentale, la Malaysia orientale est un autre monde, aux portes du désert vert de Bornéo. Elle est composée de deux États, le Sarawak à l'ouest et le Sabah au nord. Jusqu'à la Seconde Guerre mondiale, le premier était le fief de la dynastie des rajas blancs, descendant de sir James Brooke, officier anglais nommé raja de Sarawak par le sultan de Brunei. (Le sultanat de Brunei est aujourd'hui réduit à deux minuscules enclaves, mais il suinte le pétrole par tous ses pores, et toutes les extravagances de son sultan ne parviennent pas à épuiser ce pactole.) Quant au Sabah, il est tout proche des Philippines. Tous deux ont été rattachés à la fédération de Malaysia en 1963, après une « consultation » de pure forme.

Le Sarawak est le pays des Dayak, les anciens coupeurs de têtes, qui vivent au bord des rivières dans leurs *longhouses*, « longues maisons » divisées en compartiments familiaux. Il faut remonter les cours d'eau en pirogue à moteur, parfois pendant plusieurs jours, pour les rencontrer, menant la vie de leurs ancêtres, chassant à la sarbacane, élevant de petits cochons noirs et cultivant sur un pan de colline défriché par le feu : les hommes creusent un trou avec un bambou, les femmes y déposent quelques graines. Plus près de la côte, c'est la « civilisation » : on trouve des Iban (Dayak du bord de mer), des Malais et surtout d'entreprenants Chinois, omniprésents dans la région. La capitale, Kuching, est un gros bourg situé à l'embouchure de la rivière du même nom (*kuching*, en malais, veut dire « chat »).

Le Sabah est l'État de la démesure. C'est, du moins, ce qu'en a fait son ancien Premier ministre, Tun Mustapha, un ex-pirate illettré, qui mit le pays en coupe réglée, islamisa à outrance et déboisa par milliers d'hectares avec ses associés Chinois. Dans les campagnes, au pied du mont Kinabalu, le plus haut sommet de Malaysia (4 101 m), vivent les paisibles Kadazan. Le Nord est le domaine des Bajau, cavaliers intrépides et farouches musulmans, cousins des pirates qui écument la mer de Sulu et font le trafic des cigarettes avec les Philippines. Le Sabah, c'est le « Far East » malaisien, qui vit encore dans une quasi-indépendance à l'égard du pouvoir central. Avec, tout de même, une constante : le sourire des jeunes filles, qu'elles soient vêtues à l'européenne ou à la chinoise, qu'elles portent le *sarong kebaya* ou le *baju kurong* malais, le sari indien ou les vêtements bornéans ■

Patrice de BEER

▲
Chez les Kayan, la plus ancienne des tribus dayak, c'est par coquetterie que les femmes portent de lourds anneaux de métal qui allongent démesurément les lobes de leurs oreilles.
Phot. C. Lénars

▲
C'est seulement en 1945 qu'a été interdite la coutume obligeant chaque Dayak désireux de se marier à revêtir le costume de guerre et à rapporter dans un filet la tête d'un ennemi.
Phot. C. Lénars

▶
Contrairement aux Malais, auxquels l'islam interdit de manger du porc, les Dayak, qui ne sont pas musulmans, élèvent des cochons autour de leurs « longues maisons » collectives.
Phot. S. Held

Singapour

Singapour, c'est un point sur la carte, un micro-État, un pays qui, bien que n'ayant aucune attache géographique ou politique avec la Chine, est peuplé en majorité de Chinois, le rêve d'un technocrate qui avait l'âme d'un bâtisseur d'empires. Sans lui, sans l'intuition géniale de sir Thomas Stamford Raffles, Singapour n'existerait pas. Voici la recette : prenez une île inculte, à peu près déserte, dépourvue de ressources, y compris d'eau, mais située à un carrefour stratégique. Saupoudrez, pour faire couleur locale, d'un peu de Malais, importez à haute dose des Chinois et des Indiens industrieux, donnez-leur l'administration et la protection d'une grande puissance, et vous avez Singapour, un des cinq plus grands ports du monde. Une cité-État.

Quel pays peut se vanter d'avoir, en l'espace d'une douzaine d'années, accru — pacifiquement — son territoire de 6,7 p. 100 ? Pas même, sans doute, les Pays-Bas ! Faute d'espace vital pour une population de 2,3 millions d'habitants, entassés à 3 800 au kilomètre carré, le gouvernement, en sus d'une politique énergique de limitation des naissances, n'a pas hésité à raboter ses maigres collines et à importer de la terre par milliers de camions de la Malaisie voisine. Ainsi Singapour, qui comptait 564 km^2 en 1965, lorsqu'elle est devenue indépendante, en a désormais 602 et espère gagner encore sur la mer.

Pour la population, mais aussi pour le million de visiteurs annuel, on a aménagé, agrandi les îlots existants, créé des plages, tout un réseau de distractions artificielles. Pensez-donc ! Le gouvernement attend, pour 1990, 5 millions de visiteurs, et se préoccupe déjà d'un problème crucial : comment faire tenir ensemble, sur un sol exigu, les Singapouriens et les étrangers ? Parqués dans des cités-casernes après la destruction des pittoresques quartiers chinois et des *kampong* malais, remplacés par des bureaux et des zones industrielles, les autochtones ont besoin de se détendre quelque part, de flâner hors des structures de béton qui ont remplacé les marchés et les restaurants en plein vent. Les quartiers centraux ont été à ce point vidés de leurs habitants qu'on envisage d'en faire revenir, pour donner un peu d'animation.

Sans ressources naturelles, incapable de se nourrir, Singapour a réussi à créer de toutes pièces une industrie moderne, qui vient s'ajouter à sa traditionnelle activité d'entrepôt et à la contrebande avec l'Indonésie. Et, pour mieux développer ses relations avec l'extérieur, elle s'est donné une langue qui n'est l'idiome d'aucune des communautés ethniques qui l'habitent :

◄
Spectacle de rue familier à Singapour, les représentations hautes en couleurs de l'opéra chinois respectent scrupuleusement les traditions, tant pour le répertoire que pour les costumes chamarrés et les maquillages outranciers.
Phot. Vautier-De Nanxe

▲
C'est dans l'estuaire de la Rivière de Singapour, où une foule de barques chinoises se presse aujourd'hui au pied des tours de verre et de béton, que sir Raffles, le fondateur de la ville, débarqua en 1819.
Phot. Tandel-A. A. A. Photo

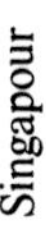

l'anglais, apporté par les colonisateurs britanniques.

Malgré tout cela, Singapour a tout de même un charme et une histoire, bien que cette dernière se soit longtemps confondue avec celle de la Malaisie voisine. Comptoir d'échanges au début de ce millénaire sous le nom de Tumasek (« ville de la Mer »), elle devint, après de longs siècles d'éclipse, Singa Pura (cité du Lion). Colonie britannique depuis 1819, membre de la fédération de Malaysia en 1963, elle est indépendante depuis le 9 août 1965.

Il ne reste plus tellement de vieux quartiers : les bâtiments de style colonial résistent mal à la voracité des bulldozers. Une des plus anciennes constructions de la ville est l'église arménienne Saint-Grégoire, qui date de 1834. Autour d'Albert Street et de Victoria Street, les *shophouses* se succèdent, abritant toutes les professions, des mécaniciens aux fabricants de cercueils et d'objets funéraires. Une ruelle, Bugis Street, ne s'anime que la nuit, dans une cavalcade de pickpockets et de travestis. C'est la seule voie où les autorités tolèrent que l'on transgresse publiquement la morale, à ses risques et périls, et elle semble vouée à disparaître dans un avenir plus ou moins proche. Distractions plus sages : les parcs, zoos et l'immense volière de Jurong, faubourg industriel situé à l'ouest de l'île. Images d'Épinal pour sadiques, l'extraordinaire Tiger Balm Garden (jardin du Baume du Tigre), créé par un Chinois enrichi par la vente d'un baume magique — tous les supplices de l'enfer chinois y sont représentés en plâtre bariolé de couleurs pastel ou criardes : du Jérôme Bosch pour apothicaire pervers.

Ici règne l'utile, le rationnel : cités-dortoirs sans grâce, où vit plus de la moitié de la population (un record de densité fantastique, mais qui n'est pas sans créer de dramatiques problèmes psychologiques), comme à Toa Payoh ; buildings dépourvus d'originalité, qui poussent comme des champignons ; hôtels-tours où s'entassent les visiteurs qui n'ont pas choisi le charme désuet et tranquille du vieux *Raffles*, un des rares palaces classiques de l'ère coloniale, où descendirent Malraux et Somerset Maugham. S'il est difficile de compter les restaurants de toute nationalité, mais surtout chinois, il est impossible de dénombrer les boutiques, isolées ou groupées en vastes et modernes *shopping centers*, qui vendent de tout, du plus simple au plus luxueux, à des prix que seul un port franc peut se permettre. Noblesse oblige ■

Patrice de BEER

En dépit d'une urbanisation galopante, Singapour a réservé une part importante de son territoire exigu à des parcs et des jardins admirablement entretenus : le Jardin japonais s'étend sur 13 ha.
Phot. Guillou-Atlas-Photo
▼

◄
À la fin du mois d'août, lors de la fête chinoise des Âmes errantes, où les esprits des défunts sont censés revenir sur la terre, des autels mobiles accueillent dans les rues prières et offrandes.
Phot. Vautier-De Nanxe

▲
Chinatown, la vieille ville chinoise de Singapour, grouillante de nuit comme de jour, ne sera bientôt plus qu'un souvenir : elle recule d'année en année devant l'invasion du béton.
Phot. Mayer-Magnum

▶
Singapour : dans le temple des Mille Lumières, un bouddha de 15 m de haut, cerné d'une multitude de lampes, se dresse dans la fumée des bâtonnets d'encens.
Phot. C. Lénars

le Laos

Dans l'Asie surpeuplée, à l'agriculture intensive, le Laos détonne : il est tellement sous-peuplé, avec ses 3 millions d'habitants, que toute forme de contraception y est strictement interdite. Sa population ne parvient pas à cultiver des terres pléthoriques (mais dont l'exploitation n'est pas toujours aisée) ni à tirer parti des richesses pastorales, forestières et minières. Grand et puissant royaume il y a quelques siècles, lorsqu'il englobait le nord et le nord-est du Siam, le Laos — ou Lan Xang, le royaume du Million d'éléphants — n'est plus, aujourd'hui, qu'une petite république exsangue, État tampon entre deux puissants voisins (le Viêt-nam et la Thaïlande) qui s'en sont longtemps disputé les dépouilles. Proche, culturellement et ethniquement, de la Thaïlande — qui s'est emparée, il y a à peine un siècle, de tout le Nord-Est lao, aujourd'hui cinq fois plus peuplé que le Laos lui-même —, le pays est, politiquement, sous l'emprise du Viêt-nam.

D'abord partiellement dépendante de l'Empire khmer, la région qui est devenue le Laos n'acquit sa population actuelle que vers le XIIIe siècle, lorsque les Laos, cousins des Thaïs du Siam, arrivèrent du sud de la Chine. Cette période est entourée de légendes, celle des « trois courges », source de l'humanité, celle de la « liane géante » et celle de Khun Borom, le « Grand Suprême ». Puis vint le premier roi historique, Fa Ngum, qui unifia le pays ; son fils et successeur prit le nom de Sam Sen Thaï, littéralement « trois cent mille Thaïs », chiffre de la population selon le recensement de l'époque. Le royaume se heurta à la puissance naissante du Siam voisin. Les guerres se succédèrent le long du Mékong, le Laos s'affaiblit, se divisa en royaumes rivaux, passa d'une suzeraineté à une autre, perdit province après province jusqu'au milieu du XIXe siècle.

C'est alors qu'arrivèrent les premiers colons français, dominés par la figure légendaire d'Auguste Pavie. Ce qui restait du Laos fut unifié sous la couronne du roi de Luang Prabang et le drapeau à l'éléphant tricéphale. Parent pauvre de la colonie, à peine touché par le progrès, le Laos fit la première, puis la seconde guerre d'Indochine. Devenu indépendant en 1953, il fut, jusqu'en 1975, le théâtre de combats fratricides entre les trois factions — communistes du Pathet Lao, neutralistes et nationalistes — et subit de terribles bombardements américains. Depuis le 2 décembre 1975, il est rebaptisé « République démocratique populaire du Laos ».

Couvert de forêts, essentiellement composé de montagnes et de hauts plateaux, enclavé, difficilement pénétrable à cause d'un réseau

▲
Source de fertilité, inépuisable réserve de poissons, principale artère d'un pays où les routes sont rares, le Mékong arrose le Laos sur près de 1 800 km.
Phot. Riboud-Magnum

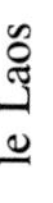

routier embryonnaire et en mauvais état, le Laos est, en outre, une véritable mosaïque ethnique, dans laquelle la population qui lui a donné son nom, les Laos, ne représente qu'un peu plus d'un million de personnes sur trois. Les autres habitants ont été répartis administrativement en deux groupes : les Laos Soung, ou Laos des pentes, et les Laos Theung, ou Laos des sommets, par opposition aux Laos tout court, qui vivent dans les plaines du Mékong et de ses affluents. Ces deux groupes recouvrent en réalité une multitude d'ethnies aux coutumes, langues et costumes variés : Khas, Méos, Yaos, Lolos, Mouseus, Lavés, etc. Certaines de ces ethnies, comme les Méos, se retrouvent aussi en Thaïlande, au Viêt-nam, en Birmanie, en Chine.

Le royaume du Million d'éléphants

Pays tranquille, le Laos ne saurait être mieux représenté que par sa capitale administrative, Vientiane, gros bourg encore à moitié village, assoupi sur la rive gauche du Mékong qui forme la frontière avec la Thaïlande. On y circule plus agréablement à bicyclette qu'en voiture, et on y travaille à un rythme qui ramène les obligations professionnelles à un passe-temps hygiénique.

Le long des trois rues et des venelles en terre battue qui composent cette capitale, à côté d'une bâtisse inachevée, de style IIIe République, dont le roi déchu voulait faire sa résidence, se dressent plusieurs très belles pagodes *(vats)*. Le Vat Phra Kéo, édifié en 1565 pour abriter le célèbre Bouddha d'émeraude, enlevé à Chiangmai et repris en 1826 par les Siamois qui incendièrent le temple, a été reconstruit en 1942 selon les plans d'origine. Il abrite de superbes panneaux de bois sculpté et d'élégantes colonnades sous son toit pentu, typique du style lao et siamois du Nord. En bordure de la ville, à proximité de l'esplanade du même nom utilisée pour les manifestations officielles et populaires, ainsi que pour la grande foire de novembre, se dresse le monument le plus vénéré, le That Luang, cloître enfermant un grand *chédi* (ou *stupa*, pagode en hauteur, de forme effilée, contenant des reliques) qui fit la fortune et la gloire de Vientiane : on vient de loin pour le vénérer.

Ville aujourd'hui presque morte après avoir somnolé pendant des décennies, l'ancienne capitale royale de Luang Prabang est connue depuis longtemps pour ses *vats*, ses marchés, ses fêtes religieuses, en particulier celle du nouvel an, au cours de laquelle on lave les statues du Bouddha et l'on en profite pour s'asperger joyeusement. Elle a conservé une quiétude qui fait désormais défaut à toutes les autres capitales asiatiques. Située entre le Mékong et la colline du Phou Si, elle offre une collection de temples à l'admiration de ses rares visiteurs : Vat Xieng Thong, fondé au XVIe siècle ; Vat Maï ; Vat Pa Khe ; Vat Choum Khong, etc. Comme à Vientiane, le travail du bois, panneaux et colonnes, les toits qui descendent très bas, les tuiles vernissées, mais aussi les sculptures témoignent d'une splendeur passée.

Sans doute la zone la plus bombardée de l'histoire de l'humanité, la fameuse plaine des Jarres — qui porte mal son nom, car il s'agit d'un plateau — est presque inaccessible par la route. Les jarres très anciennes qui, avec les tambours de bronze, rappellent une civilisation

◄
Grands producteurs d'opium, les Méos du « Triangle d'or » font un usage très modéré de la drogue : pour eux, c'est avant tout une monnaie d'échange.
Phot. Guillou-Atlas-Photo

◄
La toilette des éléphants dans le Mékong : le Laos, « royaume du Million d'éléphants », fait encore appel à la force et à la docilité légendaire de ces gros pachydermes.
Phot. Perno-C. D. Tétrel

▲
Dans les régions montagneuses du Nord, les femmes assument toujours la plus grande partie des travaux agricoles.
Phot. Valentin-Explorer

disparue parsèment encore la région, entières ou, plus souvent, en tessons, dans un paysage lunaire où chaque pas risque de faire sauter une bombe enfouie dans la terre. Les paysans n'y cultivent plus comme ailleurs, en enfonçant franchement leur houe dans le sol : ici, on retourne la terre motte après motte, doucement, à petites touches, dans la crainte de faire exploser le piège meurtrier laissé par la guerre.

Au sud, dans la province du Champassak, de beaux vestiges de l'art classique khmer subsistent au Vat Phou. ■ Patrice de BEER

Histoire
Quelques repères

1350 : Fa Ngum conquiert l'indépendance du Laos, alors dominé par les Siamois, et se fait proclamer roi à Luang Prabang. XVIIe s. : déclin du Laos; le Viêt-nam et le Siam se disputent l'hégémonie sur le royaume.
1805-1828 : Chao Anou se révolte contre le Siam, qui s'empare de Vientiane et annexe une partie du pays.
1893 : traité franco-siamois, entérinant la frontière actuelle et le protectorat de la France sur le Laos.
Septembre 1945-septembre 1946 : les nationalistes proclament l'indépendance, mais sont chassés par l'armée française.
1953 : indépendance et division du pays.
1962 : accords de Genève, prévoyant un gouvernement tripartite (neutralistes, communistes, nationalistes); ils ne seront guère respectés, et la guerre civile se poursuivra (ainsi que l'intervention américaine) jusqu'en 1973.
1973 : cessez-le-feu.
1975 : abolition de la monarchie et proclamation de la République démocratique populaire du Laos.

◄
À l'intérieur du Vat Xieng Thong, le plus imposant des nombreux temples de Luang Prabang, une très riche décoration de bois sculpté rehaussé d'or.
Phot. Guillou-Atlas-Photo

▲
Champassak, dans le sud du Laos, non loin de la frontière thaïlandaise : le vaste temple khmer du Vat Phou dissémine ses bâtiments en ruine autour de grands plans d'eau.
Phot. Dumas-Fotogram

►
Luang Prabang : le sanctuaire principal du Vat Xieng Thong est orné d'une mosaïque à fond rouge, représentant un arbre sacré qui s'élevait jadis à cet endroit et dans lequel vivaient, paraît-il, des esprits.
Phot. Guillou-Atlas-Photo

le Cambodge

Les Cambodgiens sont les descendants des bâtisseurs d'Angkor, un des chefs-d'œuvre de l'art mondial, et le Cambodge est avant tout le pays qui entoure Angkor et ses temples. Cachés pendant des siècles de décadence par une forêt qui les protégeait tout en les détruisant lentement, ces temples sont réapparus au grand jour au tournant du siècle, quand la colonisation française rétablit la paix et sauva de la disparition un petit royaume que les ambitions sans limites de ses deux puissants voisins, l'Annam (Viêt-nam) et le Siam (Thaïlande), étaient en train d'anéantir.

Comment parler du Cambodge sans parler d'Angkor ? Mais aussi comment parler d'autre chose devant ce foisonnement de richesses, de styles, de monuments, de sculptures, de bas-reliefs, devant la civilisation brillante qui se déroule sous nos yeux le long des couloirs d'Angkor Vat ou du Bayon ? Temples-montagnes surmontés du *linga* sacré, bassins et pagodes, tours dressées vers le ciel, frappées sur les quatre faces de bouddhas au sourire sibyllin.

Dissimulé par la végétation durant des siècles, jusqu'au jour où un chasseur de papillons, Henri Mouhot, le redécouvrit par le plus grand hasard, Angkor, nettoyé, restauré, parfois remonté pierre par pierre selon le procédé de l'anastylose, a disparu de nouveau en 1970, dans la tourmente de la guerre qui, sans trop faire souffrir les temples, a interrompu les travaux de conservation et chassé les visiteurs. Depuis, Angkor, coupé du reste du monde, n'a dévoilé ses trésors qu'à de trop rares privilégiés, et il est trop tôt pour prévoir en quoi les événements de janvier 1979 vont modifier cet état de fait.

▲
Dans les villages cambodgiens, les stupas *contenant les cendres des ancêtres sont construits à ras du sol, mais les maisons se hissent sur pilotis, à l'abri des inondations et des bêtes nuisibles.*
Phot. Ionesco-Top

Avant d'être le royaume affaibli que se disputaient Siamois et Vietnamiens et qui, dépeuplé, retournait progressivement à la jungle, le Cambodge fut le plus grand et le plus puissant des empires qui virent le jour entre la Chine et l'Inde. Son origine demeure mystérieuse. Tout ce que nous en savons se résume à des récits de voyageurs étrangers — Chinois ou Indiens — et à quelques inscriptions sur pierre. Les manuscrits sur feuilles ou sur peaux ont disparu, tout comme les bâtiments en bois.

À l'origine était le royaume du Fou-nan — le nom même est chinois —, situé entre le Tonlé Sap et le delta du Mékong. Domaine lacustre et maritime, gagnant sur les marais pour en faire des rizières irriguées, régnant sur les mers, lié à Java, soumis à l'influence culturelle et religieuse de l'Inde, le Fou-nan ne dura que quelques siècles avant de tomber en décadence.

Histoire
Quelques repères

IIe-Ve s. : royaume khmer du Fou-nan.
VIe-VIIe s. : royaume du Tchen-la.
802 : Jayavarman II monte sur le trône; début de la période d'Angkor.
1181-1218 : Jayavarman VII épuise le pays pour rebâtir Angkor.
1431 : prise d'Angkor par les Siamois et abandon de la capitale; début de la décadence.
1434 : la capitale est transférée à l'emplacement de la future Phnom Penh.
1847 : le Cambodge doit accepter la double suzeraineté du Viêt-nam et du Siam.
1863 : la France établit son protectorat sur le royaume.
1953 : indépendance.
1955 : abdication du roi Norodom Sihanouk, qui devient chef de l'État.
1970 : coup d'État du maréchal Lon Nol, qui renverse le prince Sihanouk et proclame la république; début de la guerre entre Lon Nol et le Front uni, groupant Sihanouk et les révolutionnaires.
1975 : les Khmers rouges à Phnom Penh.
1976 : proclamation du Kampuchéa démocratique.
Janvier 1979 : renversement du régime par le Viêt-nam.

▲
La coiffure et les bijoux des danseuses cambodgiennes reproduisent fidèlement ceux que portent les divinités féminines sur les bas-reliefs des temples d'Angkor.
Phot. R. Cauchetier

À partir du VIe siècle, il céda progressivement la place au royaume du Tchen-la, situé à l'intérieur des terres. Au VIIIe siècle, celui-ci se divisa à son tour en Tchen-la de terre et Tchen-la d'eau. Puis ce fut l'éclosion d'Angkor, au début du IXe siècle, avec le premier des grands rois bâtisseurs qui allaient se succéder sur le trône d'or pendant quatre cents ans : Jayavarman II. Le royaume khmer d'Angkor (la « Ville ») s'étendait alors sur le sud du Siam, une partie de la péninsule Malaise, une partie du Laos et le sud du Viêt-nam. Son rayonnement politique et militaire, mais aussi économique, culturel et religieux, était immense et sans rival.

Pendant ces quatre siècles, le royaume couvrit son domaine de temples, de routes et de barrages, mais s'épuisa en guerres incessantes. Anémié par ses constructions démesurées, devant faire face à la marche vers le sud des Siamois et des Vietnamiens, Angkor connut son chant du cygne avec Jayavarman VII, le « roi lépreux », bouddhiste et pieux, à qui l'on doit le Bayon. Après sa mort, le malheur s'abattit sur le pays. Lorsque les Siamois s'emparèrent d'Angkor, en 1431, les rois abandonnèrent la capitale et la ville voisine — qui portait cependant le nom glorieux de Siem Reap (« Siamois battus ») — et se replièrent vers le sud-est. Après Oudong, le site de Quatre Bras, à l'emplacement de l'actuelle Phnom Penh, accueillit la nouvelle capitale royale. Le Cambodge avait perdu tout son lustre, toute son énergie.

Si la colonisation française permit au Cambodge de survivre et lui rendit ses provinces occidentales et Angkor, occupées par le Siam, elle officialisa aussi la perte de plusieurs régions orientales occupées par les Vietnamiens, objets de conflits incessants. Indépendant après la fin de la guerre d'Indochine, le Cambodge connut de nouveau une brève heure de gloire sous l'égide du prince Norodom Sihanouk, qui abandonna le trône pour la politique. Dernier descendant du dieu-roi, à la fois artiste (cinéaste, musicien) et politicien, subtil diplomate, il réussit à tenir son pays en dehors de la guerre pendant quinze ans. En mars 1970, le coup d'État qui porta au pouvoir le maréchal Lon Nol déclencha la guerre civile et l'extension au Cambodge du conflit vietnamien. L'intervention américaine causa d'effroyables destructions et fit des centaines de milliers de morts. Elle produisit l'effet contraire de celui escompté : les communistes Khmers rouges, qui n'étaient que quelques milliers en 1970, prirent le pouvoir et gouvernèrent sans partage tout le pays, après en avoir vidé les villes. Leur règne a pris fin au début de l'année 1979, à la suite d'une invasion par les troupes vietnamiennes.

Des temples par milliers

Un millier de temples ont été recensés au Cambodge, mais combien d'autres ont disparu à jamais, ou se trouvent sur des terres aujourd'hui thaïlandaises, vietnamiennes ou laotiennes? Quelle colline *(phnom)* dominant les carrés de rizières et les longs palmiers à sucre ne porte pas une pagode, un monument ou simplement quelques pierres mangées par la mousse? Tout autour du Grand Lac *(Tonlé Sap),* gigantesque vivier et réserve d'eau du pays, la terre est fertile et, quand la paix règne, le riz pousse. « Quand on a de l'eau, on a du riz; quand on a du riz, on a tout », disaient les dirigeants Khmers rouges après avoir attelé sans ménagement la population à des travaux d'irrigation titanesques. Le silence des campagnes, qui vivaient au rythme lent du char à bœufs à l'ombre de la pagode, est troublé par

les cohortes d'ouvriers et le fracas des tracteurs, comme il le fut hier par les bombes.

À Phnom Penh, capitale longtemps désertée par ses habitants, les vestiges des régimes passés, colonial et royal, s'effritent lentement. Toutefois, on continue de balayer les rues, de tondre l'herbe, d'entretenir le Palais royal, ses pagodes et son musée, cadeau de l'empereur Napoléon III, où l'on pouvait voir, entre autres curiosités, un superbe chapeau melon surmonté d'un énorme diamant.

De Phnom Penh, routes, voies ferrées et fluviales mènent aux quatre coins du pays : plages de Kep, port de Kompong Som, au bord du golfe du Siam ; stations d'altitude du Bokor et de Kirirom ; frontière vietnamienne, avec Takéo, Svay Rieng et les poivrières de Kampot ; Kompong Cham, ses Chams musulmans et les grandes plantations d'hévéas ; à l'ouest, Battambang, le grenier à riz. Enfin, au nord-est, Angkor. Il ne faudrait pas oublier le temple de Preah Vihear, restitué par la Thaïlande ; construit sur un piton rocheux dominant la plaine, il n'est accessible que par le territoire siamois (du côté khmer, il faut escalader des sentiers de chèvres).

Plusieurs journées sont nécessaires pour visiter Angkor et ses multiples temples, sans oublier les sites périphériques des Roluos, de Phnom Krom et surtout de Banteay Srei. Floraison touffue d'édifices, constructions gigantesques ou intimes, mais toujours gratuites, sans utilité pratique. Le temple khmer est moins un lieu de culte qu'un témoignage de respect, d'adoration. Point de salle de réunion, comme dans une église. La masse qui se dresse, sculptée jusque dans ses moindres détails (telle la terrasse du Roi lépreux, où l'on a travaillé la pierre dans des recoins invisibles au pèlerin), a une valeur intrinsèque. Artistes anonymes que ces architectes et ces tailleurs de pierre, oubliés au même titre que les dizaines de milliers d'hommes de

▲
Édifié en gradins sur un tertre artificiel symbolisant les sommets où se plaisent les dieux et les monarques, le temple-montagne d'Angkor Vat est le chef-d'œuvre de l'architecture khmère (XIIe s.).
Phot. Berne-Fotogram

▶
Angkor Vat : au-dessus de la porte ouest donnant accès au deuxième niveau, le sanctuaire du troisième niveau, dominé par cinq tours en forme d'ogives.
Phot. Picou-A. A. A. Photo

peine et d'esclaves qui transportèrent le grès ou la latérite depuis les carrières.

Angkor Vat ! Symbole du Cambodge, stylisé sur le drapeau de tous les régimes, en blanc jadis, en or sur fond rouge aujourd'hui. Qui ne connaît les cinq tours qui se dressent au bout d'une longue allée dallée, bordée de *nagas*, serpents divins à plusieurs têtes ? La majesté et l'équilibre de l'ensemble ne le cèdent en rien au détail minutieux de centaines de bas-reliefs et de statues, dont des *apsaras* (danseuses célestes) toutes plus gracieuses et plus belles les unes que les autres. Comme au temple voisin du Bayon, chaque panneau sculpté est un témoignage de la défunte civilisation angkorienne. À Angkor Vat, sur un kilomètre carré de surface totale, ils racontent l'histoire du dieu hindou Vishnu, les épopées du *Ramayana* et du *Mahabharata*, mais aussi, sur un seul panneau de près de 100 m de long, la vie du roi-fondateur, Jayavarman II. Les tableaux regorgent de détails minutieusement ouvragés.

Au Bayon, à l'ombre des tours portant de gigantesques figures au sourire immuable, se déroulent des scènes de la vie de jadis. Sur plusieurs niveaux, le monde des dieux surmonte celui des rois et, au-dessous, celui du peuple, des serviteurs qui cuisinent, des badauds regardant un combat de coqs. La bataille navale contre les Chams est également représentée.

Il serait fastidieux d'énumérer tous les monuments angkoriens. En dehors des plus connus, comme le précieux Banteay Srei de grès rose, dont les sculptures d'*apsaras* et de jeunes guerriers sont d'une beauté incomparable, il faut néanmoins mentionner : le Preah Palilay, dans les arbres ; la beauté des couchers de soleil sur le bassin du Srah Srang ; et le Ta Prohm, témoignage de l'état dans lequel se trouvaient les temples avant leur réfection, avec des lianes et des arbres poussant sur ou entre les pierres.

Angkor, le plus grand parc archéologique du monde, risque d'être à nouveau englouti par la végétation car les archéologues n'y ont plus accès ■ Patrice de BEER

▶
Au centre de la cité d'Angkor Thom se dresse le temple royal du Bayon, hérissé de plus de cinquante tours portant, sur leurs quatre faces, des visages immenses au sourire énigmatique.
Phot. S. Held

◀
Encore à demi caché par la végétation luxuriante qui avait envahi tous les temples d'Angkor, l'un des quatre visages colossaux qui surmontent le portail de l'enceinte du Ta Som.
Phot. Gerster-Rapho

▲
Sud du Cambodge : les barques à fond plat et les filets des pêcheurs de Kampot, sur la côte sablonneuse du golfe du Siam.
Phot. Robillard

▶
Une des gracieuses Apsaras *— déesses danseuses et musiciennes de la mythologie indienne — du temple d'Angkor Vat (grande galerie de l'entrée centrale).*
Phot. Ionesco-Top

▲
Chapeau conique et palanche sur l'épaule : les silhouettes traditionnelles de la campagne vietnamienne.
Phot. Riboud-Magnum

le Viêt-nam

Le Viêt-nam (ou Vietnam) s'allonge, en forme de S, du golfe du Tonkin au golfe du Siam, le long de la mer de Chine méridionale. Réunifié depuis le 25 avril 1976, après la seconde guerre d'Indochine, il ressemble ainsi à une longue palanche incurvée, équilibrée aux deux extrémités par les deux paniers à riz que sont, au nord, le delta du fleuve Rouge et, au sud, celui du Mékong. De Lao Kay, à la frontière chinoise, à la pointe de Cà Máu, il y a plus de 1 600 km, alors que, au centre, le Viêt-nam se resserre si bien qu'il n'a que 50 km de large entre la mer et la frontière laotienne.

En dépit des péripéties historiques, des divisions dues aux luttes dynastiques, puis à la colonisation française et, plus récemment, aux accords de Genève de 1954, le Viêt-nam possède une profonde unité, tant ethnique que linguistique et culturelle. Si on devait établir une division à l'intérieur du pays, ce serait plutôt entre l'Est, peuplé de Vietnamiens, et les hauts plateaux du nord et de l'ouest, mosaïque de minorités ethniques.

Il serait toutefois erroné de voir dans chaque Vietnamien un stéréotype. La guerre et les différents régimes politiques et économiques créés de part et d'autre du 17ᵉ parallèle ont suscité des mentalités, des modes de vie différents. Il faudra des années, sinon plus, pour que le pays soit véritablement réunifié. Il n'en conservera pas moins des diversités régionales, en particulier entre le Nord et le Centre, à la culture plus ancienne, et le Sud, plus récemment peuplé et développé.

Peuple d'agriculteurs, les Vietnamiens se sont toujours, au cours de leur histoire, cantonnés dans les plaines littorales et les deltas. Une pression démographique très forte — le pays a plus de 50 millions d'habitants et la superficie de terre cultivable par individu est l'une des plus faibles du monde — les pousse maintenant, bon gré mal gré, vers les régions élevées, inoccupées, qu'ils n'ont jamais aimées, mais qui sont leur seule chance de développement agricole. De cette redistribution de la population dépend non seulement l'avenir de l'économie nationale, mais aussi celui du régime. Un échec, une coercition inacceptable pourraient avoir des conséquences dramatiques.

Lutter, toujours lutter

L'histoire du Viêt-nam est celle d'un peuple qui n'a jamais cessé de se battre : batailles pour l'indépendance contre l'envahisseur étranger,

Histoire
Quelques repères

Ier millénaire av. J.-C. : civilisation de Dong Son, dite « des tambours de bronze ».
111 av. J.-C. : conquête chinoise.
40 apr. J.-C. : révolte des deux sœurs Trung.
Xe s. : les Vietnamiens chassent les Chinois et créent un royaume indépendant ; dynastie des Lê antérieurs.
1010-1225 : dynastie des Li, avec Thang Long (Hanoi) pour capitale.
1225-1413 : dynastie des Trân.
1428 : dynastie des Lê postérieurs ; début de l'expansion vers le sud.
1471 : défaite du royaume du Champa (correspondant au Viêt-nam du Sud) ; la conquête du delta du Mékong sera achevée au milieu du XVIIIe s.
XVIe-XVIIe s. : division du pays ; guerres civiles.
1802 : avènement des Nguyên, dernière dynastie royale.
1859 : occupation de Saigon par la France ; le Viêt-nam est divisé en trois régions (Tonkin, Annam, Cochinchine).
1887 : les trois protectorats sont intégrés à l'Union indochinoise.
1945 : Hô Chi Minh proclame l'indépendance.
1946-1954 : première guerre d'Indochine, qui s'achève par la défaite française de Diên Biên Phu et les accords de Genève ; le Viêt-nam est coupé en deux.
1960-1975 : deuxième guerre d'Indochine ; intervention militaire américaine dès 1965.
1973 : accords de Paris.
1976 : les élections générales nationales scellent la réunification du pays, qui devient la République socialiste du Viêt-nam.

guerres intestines et révoltes, lutte pour l'accroissement de l'espace vital et contre les éléments. C'est dans ce combat de tous les jours que l'âme vietnamienne, laborieuse, patiemment déterminée, s'est forgée dans le cadre de la communauté villageoise.

Les siècles précédant le début de l'ère chrétienne virent apparaître une forme d'art originale, qui allait essaimer dans toute la région : c'est l'époque des fameux tambours de bronze. Finement ouvragés, à la fois symboles de puissance, œuvres d'art et instruments de musique rituelle, ils témoignent d'une civilisation qui est encore bien mal connue. En 111 av. J.-C., le territoire qui deviendra le Viêt-nam est annexé par la Chine jusqu'au col des Nuages, au sud de Huê. Au cours de nombreuses révoltes, dont la plus célèbre est celle des sœurs Trung en l'an 40 apr. J.-C., se forge un sentiment national, qui trouve sa pleine expression en 939 avec la conquête de l'indépendance. Les Chinois ne renoncent pas facilement aux marches du Sud, mais une civilisation sinisée, confucéenne, impériale, édifiée sur le modèle chinois sous la dynastie des Lê antérieurs, leur tient tête. Le pays s'organise, connaît un grand éclat économique et culturel. Le bouddhisme se renforce. En même temps, le conflit est incessant avec le royaume du Champa, qui occupe le sud du Viêt-nam et s'effondrera définitivement en 1471.

Aux Li (1010-1225) succèdent les Trân (1225-1413) ; ceux-ci parviennent à briser l'invasion mongole de Kubilay et de sa flotte en 1288. Mais, affaibli par les guerres, le Dai-Viêt, comme il s'appelle alors, sombre dans l'anarchie avant d'être occupé temporairement par les Chinois de la dynastie des Ming. Ce drame fouette l'orgueil national, et le pays renaît de ses cendres sous Lê Loi. C'est ensuite la marche vers le sud, vers les terres sous-peuplées prises au Champa et aux Khmers.

Nouvelle crise lors de l'apparition des premiers Occidentaux et du christianisme. Le pays se divise, est le théâtre de grandes insurrections paysannes, comme celle des fameux frères Tây-son. Le général Nguyên Anh profite de la situation pour monter sur le trône et fonder la dynastie des Nguyên. Ce sera la dernière. Elle choisit Huê pour capitale.

La défense des chrétiens persécutés et les ambitions coloniales de Napoléon III sonnent le glas du Viêt-nam indépendant. En 1867, la Cochinchine passe sous domination française. Le Tonkin et l'Annam suivent en 1884. Pas sans révolte : paysans et lettrés, tribus des montagnes, puis nationalistes et communistes prennent les armes, mais sans succès. Il faut attendre l'effondrement de la France en 1940 pour voir resurgir le nationalisme vietnamien, toujours plus puissant et populaire, qui proclame l'indépendance le 2 septembre 1945 à Hanoi, sous la direction de Hô Chi Minh, chef prestigieux du parti communiste.

L'échec des négociations avec Paris, le bombardement de Haiphong par la marine française, de multiples incidents entraînent la guerre, qui débute à la fin de 1946. Elle se termine par le désastre français de Diên Biên Phu et les accords de Genève de 1954. Le Viêt-nam est divisé en deux. La guerre reprend vite au Sud, pro-occidental, et, dès le début des années 60, commence la seconde guerre d'Indochine. Étendue au Laos, puis au Cambodge, marquée par l'intervention massive des soldats américains et par le bombardement intensif du Nord par l'aviation U. S., elle se termine comme la guerre française : par la victoire des révolutionnaires, plus déterminés que les conservateurs.

▲
Le marché aux fleurs d'Hanoi est toujours fort animé.
Phot. R. Pic

Sous les frondaisons de Hanoi

Avec ses villas fin — ou début — de siècle le long d'avenues bordées d'arbres, son calme à peine troublé par des nuées de cyclistes et des tramways bringuebalants, le centre de Hanoi rappelle étonnamment une petite ville de province française. À première vue, bien peu de choses semblent avoir changé depuis la fin de la période coloniale, si ce n'est que les villas sont désormais occupées par des administrations ou des ambassades, quand elles ne sont pas transformées en habitations collectives, et que les rues portent d'autres noms.

Les bombardements américains ont laissé peu de traces en ville, mais la banlieue ne se relève que lentement de ses ruines. Le pont Long Bien (ex-Doumer), gigantesque structure métallique franchissant le fleuve Rouge, est tout rafistolé. Il supporte tout le trafic de la capitale, tant vers le nord que vers le port de Haiphong : trains, camions, bus surchargés, vélos, paysannes portant leurs produits au marché sur des palanches.

Plus que le nouveau mausolée de Hô Chi Minh, devant lequel s'allonge chaque jour une queue de visiteurs recueillis, le Petit Lac — en vietnamien Hoan Kiem, « lac de l'Épée restituée » — est le véritable cœur de cette capitale qui, jusqu'à présent, a échappé au grand vacarme, à la pollution et aux destructions sauvages d'une urbanisation rapace. Les Hanoiens ne connaissent sans doute pas leur chance d'être restés à côté du « progrès » ! Rendez-vous des amoureux qui se tiennent par la main, poussant de l'autre leur bicyclette, et des vieux venus prendre le frais à l'ombre des arbres, le

Petit Lac rappelle aux Vietnamiens une célèbre légende relatant une péripétie de la résistance contre les Chinois.

Au XVe siècle, le héros Lê Loi, qui devint par la suite empereur, trouva une épée miraculeuse en pêchant dans le lac. Grâce à cette arme, il unit le peuple et chassa l'envahisseur. Un jour, alors qu'il passait près du lac, l'épée sortit toute seule de son fourreau et fut happée par un dragon qui s'engloutit avec dans les eaux. Un petit temple, bâti sur une îlot relié au rivage par un pont de pierre, rappelle l'événement.

Mais Hanoi, la « Ville entre les fleuves », n'est pas seulement une cité moderne. Elle n'a pas oublié que, sous le nom de Thang Long (« Dragon s'envolant »), elle fut longtemps la capitale de l'empire, avant d'être pour un temps remplacée par Huê, seule autre ville du pays à avoir conservé des vestiges de ses heures de gloire.

Hanoi possède encore un certain nombre de temples qui, s'ils ne peuvent rivaliser avec les merveilles d'Angkor, ne sont pas sans charme. Proches du style chinois, ils n'en ont pas moins des caractéristiques propres. Le symbole de la ville, voire du pays, est le Mot Cot, la petite « Pagode à un pilier », bâtie au milieu d'un lac minuscule, simple, sobre, dont l'origine remonte au début du XIe siècle ; elle fut élevée par un souverain désireux de remercier la déesse Kuan Am de lui avoir donné une descendance. Il y a aussi le temple du Grand Bouddha (Quan Thanh), entouré de manguiers ; celui des Deux Sœurs Trung ; celui de la Littérature, élevé en l'honneur des lettrés reçus aux concours impériaux triennaux : chaque promotion est inscrite sur une stèle.

Toutefois, Hanoi est surtout un lieu de promenade. Paradis de la bicyclette, c'est aussi celui des flâneries à pied dans les vieilles rues animées du quartier du Marché central (rues des Voiles, des Paniers, des Médicaments, des Changeurs), avec leur accumulation de petits commerces : retoucheurs de photos, imprimeurs de T-shirts, remplisseurs de cartouches de stylo bille vides, fabricants de sandales « Hô Chi Minh », découpées dans de vieux pneus... Il y a aussi les longues digues qui protègent la ville des colères annuelles du fleuve ; le Grand Lac de l'Ouest et ses voiliers ; le parc de la Réunification, connu pour son cirque et pour les couples qui viennent y chercher une solitude éphémère, denrée rare dans cette ville surpeuplée. Et, partout, à bicyclette ou à pied, seules ou en groupes, ces femmes en pantalons de satin noir, une longue natte pendant dans le dos, souriantes et pépiantes, qui rougissent lorsqu'un étranger les regarde.

◄
Parsemée d'innombrables blocs rocheux aux formes tourmentées, la baie d'Along est l'un des sites naturels les plus surprenants du Viêt-nam.
Phot. Zeyons-Rapho

▲
À l'ouest du fleuve Rouge, plateaux verdoyants et montagnes boisées composent des paysages variés.
Phot. Riboud-Magnum

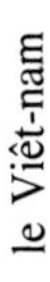

Du Nord au Sud, la Route mandarine

La lenteur des déplacements rend difficile la visite exhaustive du pays, dont l'infrastructure ne permet pas les voyages d'agrément. Il faudrait pouvoir rayonner dans la Moyenne et la Haute-Région, visiter les minorités nationales le long de la frontière chinoise, sillonner le delta du fleuve Rouge, constellé de rizières où barbotent des canards, parsemé de villages cachés dans les arbres et les bambous, peuplé de paysans et de buffles travaillant de concert dans la boue féconde d'où sortira le riz nourricier. On aimerait visiter le pays catholique de Phat Diem, écrasé par d'énormes et orgueilleuses églises de pierre ; le Thai Binh, province agricole modèle ; Haiphong, port de mer et ville martyre.

Comment ne pas parler de la baie d'Along, que les atlas coloniaux décrivaient comme une des merveilles naturelles du monde ? Aussi mystérieuse sous le soleil que dans le brouillard et le crachin de l'hiver, semée d'une myriade d'îlots karstiques jaillissant dru de la mer, jadis repaire de pirates, aujourd'hui domaine des pêcheurs, c'est un labyrinthe où l'on se perdrait sans peine.

On peut quitter Hanoi par le train, qui crachote sur près de 2000 km, ou par l'ancienne Route mandarine, devenue « coloniale » et, maintenant, « nationale N° 1 ». Sortant du delta fertile, elle serpente tout le long du Centre-Viêt-nam, taille de guêpe et partie pauvre du pays, où la montagne descend parfois jusqu'à la mer, ou jusqu'à des dunes de sable. C'est là que sont nés les grands noms de l'histoire du Viêt-nam, des lettrés aux révolutionnaires. Ce fut le cœur de la résistance. Il n'en reste que des ruines et une route étroite, défoncée, bordée d'arbres, traversant des villes fantômes comme Vinh et Dông Hoi. De cette dernière, seule subsistait, à la fin de la guerre, la façade de l'église, au milieu d'un champ de pierres.

Franchie la rivière Ben Hai — qui fut, durant vingt et un ans, la ligne de démarcation, dite « 17e parallèle », entre un Nord et un Sud ennemis —, on pénètre dans le Viêt-nam du Sud, réunifié depuis 1976 avec celui du Nord pour former la République socialiste du Viêt-nam. De la citadelle de Quang Tri, il ne reste pas pierre sur pierre, et les bombes, les obus et les mines non explosés continuent de faire des victimes. Puis c'est Huê, dernière capitale impériale, endormie le long de la rivière des Parfums. La beauté de ses filles est réputée dans tout le pays.

Demain, du fond du cœur à la paume de tes [mains,
Tu embaumeras telle l'étamine du jasmin...

écrivait, à propos des batelières de Huê, le poète To Huu, qui est aussi membre du bureau politique du parti communiste.

La citadelle de Huê a beaucoup souffert. Ses trois enceintes abritaient de nombreux bâtiments impériaux, tels le Ngu Phung (temple des Cinq Phénix) et le Thai Hoa (palais de la Paix), surmontés par la tour du Drapeau qui domine la ville. Les somptueux tombeaux impériaux sont situés en dehors de l'agglomération. La région est aussi connue pour ses belles dunes de sable blanc, coupées de lagunes : elles s'étendent jusqu'au col des Nuages, qui fut longtemps la frontière méridionale du Viêt-nam. Passé le col, le parcours devient accidenté : une série de virages en épingles à cheveux déboule sur Da Nang.

Da Nang — l'ancienne Tourane — est le principal port entre Haiphong et Saigon. Point d'ancrage de la présence française, puis base américaine, elle a aujourd'hui fondu pour redevenir une ville comme les autres. La base aérienne, au pied de la montagne de Marbre, abrite désormais quelques centaines de *bo-dois* (soldats), tandis que le matériel et les caissons américains continuent de rouiller dans un entrelacs de barbelés. Au-delà des échoppes des marbriers et des petits sculpteurs, une fois escaladées les centaines de marches du grand escalier, la montagne de Marbre offre un merveilleux panorama sur la plaine littorale en son point le plus large, traversée par des fleuves aux rives incertaines en saison de mousson. Au loin se profilent les pentes boisées de la Cordillère annamitique et, plus loin encore, vers le sud-ouest, s'étendent les hauts plateaux, patrie

▲
Les tombeaux impériaux de Huê sont de véritables palais où le souverain venait se recueillir avant d'y être enterré avec ses concubines. (Tombeau de Khaï-Dinh, avant-dernier empereur d'Annam et père de Bao-Daï.)
Phot. Boccon-Gibod-Sipa-Press

▲
Autrefois principalement chasseurs et éleveurs, les Moïs qui peuplent les plateaux du Kontum, au flanc de la cordillère Annamitique, sont devenus surtout agriculteurs.
Phot. Bancaud-Sidoc

▲
Au Viêt-nam comme dans beaucoup de pays d'Asie, le blanc est la couleur du deuil : ces femmes aux longues tuniques immaculées participent à des funérailles.
Phot. Guillou-Atlas-Photo

des Moïs montagnards, avec les villes de Pleiku et de Kontum, de Buon-methuot et surtout de Da Lat, jadis résidence estivale des Saigonnais, aujourd'hui jardin potager, mais aussi vaste zone de plantations (café, thé).

La côte, que longe la route, était autrefois le domaine des puissants Chams, maintenant réduits à quelques groupes éparpillés dans le Sud. Islamisés, ils n'ont pas conservé grand-chose de leur ancienne culture, dont les tours de brique jalonnent le paysage. Dans cette région, les longues plages de sable blanc sont pratiquement désertes.

Le delta du Mékong, mariage de la terre et de l'eau

Le vrai Sud — l'ancienne Cochinchine coloniale — n'a pris son aspect actuel qu'il y a deux ou trois siècles, quand la poussée vietnamienne a absorbé une terre fécondée depuis deux millénaires par les civilisations malaise et khmère. Aujourd'hui, il se présente essentiellement sous deux apparences opposées : Saigon, devenue Hô Chi Minh-Ville, métropole hypertrophiée et improductive, mais où il faisait autrefois si bon vivre, et le fertile et opulent delta du Mékong, corne d'abondance du Viêt-nam avec son riz et ses poissons.

Hô Chi Minh-Ville n'est pas une belle cité. Les beaux quartiers de l'ancienne Saigon, avec leurs villas ombragées, exhalaient un certain charme, très provincial. Mais les immeubles, boutiques, baraques et bidonvilles qui ont poussé autour manquent singulièrement d'harmonie. Aucun monument digne d'intérêt dans cette ville neuve : le palais ex-présidentiel ressemble à une H. L. M., la cathédrale en brique a l'allure banlieusarde, et Cho Lon, la ville chinoise, n'était, avant la nationalisation du gros commerce, qu'un capharnaüm de magasins de toutes sortes et de centaines de restaurants.

Cela n'empêche pas que Saigon avait — et a toujours — un attrait inexplicable. Tous ceux qui y ont vécu en gardent un souvenir nostalgique. Ce n'est pas sans raison que nombre de gens, réfugiés en ville pendant la guerre, s'y accrochent en subsistant au jour le jour — minuscules échoppes des rues, marchands de cigarettes ou de soupe, gonfleurs de pneus de vélos — plutôt que de retourner dans leur campagne natale.

À quelques dizaines de kilomètres au sud de Saigon, ayant abandonné la route N° 1 qui oblique vers le Cambodge, on arrive à l'orée du delta du Mékong, qui s'étend de la plaine des Joncs et des rizières du My Tho aux forêts inondées de U Minh et à la pointe de Cà Máu. Couvert de cocotiers, traversé par les multiples bras du fleuve qui traîne vers la mer son limon fécond, creuset de sectes religieuses et refuge de bandits, c'est un pays étrange, où l'on ne sait pas toujours où commence la terre et où finit l'eau.

Les villages s'étendent le long des pistes ou des arroyos, qui constituent un réseau de communications plus proche de la vie quotidienne, traditionnelle, que les rubans de bitume sillonnés par les camions et les autocars. À l'emplacement des anciens postes militaires, les barbelés rouillent ou disparaissent sous la végétation. Le soleil tape, se réverbérant dans les vastes étendues d'eau où frémissent les pousses de riz vert tendre ■ Patrice de BEER

▲
Terre et eau mêlées, le delta du Mékong est une région extrêmement fertile, à la végétation exubérante.
Phot. Fournie-Explorer

▶
Placides, extrêmement résistants, les buffles aux longues cornes en forme de croissant sont de précieux auxiliaires pour les paysans vietnamiens.
Phot. R. Pic